発達に偏りのある子どもへの支援

園での「気になる子」へのかかわり方

著　木原望美
臨床心理士　公認心理師

はじめに

この本を手に取ってくださり、ありがとうございます。みなさんは保育園、幼稚園、認定こども園あるいは小学校の先生、子どもの保護者、私と同じ心理士のような方々でしょうか？　いずれにしても生きづらさを抱える子どもたちを支えたい、そのヒントを知りたいという思いでこの本を手に取ってくださったのだろうと思います。この本がその思いに少しでも応えることができれば幸いです。

私は約20年間、行政、教育、医療などの児童臨床の現場において心理士として仕事をしてきました。いずれの現場においても子どもの臨床は本人を支えるだけでなく、その保護者をはじめ周囲の大人をいかに支えていくかが非常に重要になります。これまで一緒に歩んでくださった保護者のみなさまや先生方とのかかわりを通して、私が一番大事にしたいと思っていることは、子どもに対してこういうふうに接してほしい、こういうまなざしを向けてほしいという姿勢で私自身も保護者や先生方に接するということです。

まずはだれに対してもその人がどういう思いでいるのかに目を向け、強みは何

か、今できていることは何かを見つけ、それをとらえたら相手に敬意をもって伝えるようにしています。最近よく、「子どもは、ほめて育てる」というような言葉を耳にします。この考え方に私自身も異論はありませんが、その前に子どもを支える保護者や先生方自身が認められ、ほめられる経験をしないと、子どものよいところにも目が向きません。大人が子どもに寄り添ったまなざしを向けられるように、まずは支えている大人に対してこちらが寄り添うことが大事です。

そのうえで、効果が実証されているエビデンスベーストといわれる治療技法から学んだ知識やこれまでの臨床経験を通して、目の前の子どもを支えていくときに役に立てるかもしれないヒントをお伝えしたいと思ってこの本を作成しました。生きづらさを抱える子どもを支えるというのは容易なことではありません。日々、懸命に向き合ってもうまくいかないことや、その結果が目に見えないことのほうが多いと思います。答えがない中で迷いながら進むとき、少し違った立場から「こうしてみては?」「それで大丈夫」と言ってくれる人がいたら心強いのではないかと思います。この本がそんなふうに子どもを支えるみなさんに寄り添える1冊になればと願っています。

もくじ

はじめに 2

本書について 6

第1章 子どもとかかわる基本のスキルを身につける 7

子どもとの信頼関係を築くPRIDE《プライド》スキル 8

8つの「指示をする」スキルで子どもにきちんと伝える 16

保育者へのエール 真剣に向き合うことが子どもにとって今後の支えになる 27

7つの「選択的注目」スキルで子どもの行動が変わる 28

実践に向けての練習問題 40

①「くり返す」の練習問題 41

②「行動の説明をする」の練習問題 43

③「具体的にほめる」の練習問題 45

④「指示をする」の練習問題 47

第2章 保育の場面別の対応 49

子どもがかんしゃくを起こしたときの対応 50

子どもがパニックを起こしたときの対応 58

子どもが発作的に友達をたたいたときの対応 66
子どもが行事に参加したがらないときの対応 74

第3章 保護者への支援 81

困りごとを抱えた子の保護者支援のあり方 82
保育者へのエール 負の感情の中に保護者とつながるヒントがある 96

第4章 保育者から寄せられた相談へのアドバイス 97

個別のケースと相談シート 98
ほかの子と遊ぼうとしない3歳児への支援 100
集団活動中、外に出ていってしまう5歳児への支援 108
知的レベルが高い自閉スペクトラム症の3歳児への支援 118
自傷・他害が激しい2歳児への支援 128
力の加減が苦手でトラブルにつながりやすい3歳児への支援 138
文字の読み書きがまったくできない5歳児への支援 148

おわりに 158

本書について

○第１章では、発達の偏りの有無に関係なく子どもとかかわるうえで役立つ、３種類のスキルを紹介しています。

・最初に紹介する「PRIDE《プライド》スキル」(8〜15ページ）に支援の基本姿勢が書かれています。まずはここを読み、あとは興味を持ったページから読み進めても構いません。

・「PRIDE《プライド》スキル」は、アメリカ発の親子相互交流療法（Parent-Child Interaction Therapy＜PCIT＞）という治療で実践しているスキルのうちの、一部を取り上げたものです。PCITについては、下記のwebサイトでご覧になるとイメージがしやすいと思います。

「PCIT-Japan」https://pcit-japan.com/

※PCITについての説明を読んだり、PCITを受けられる場所を探したりする場合には、トップページ画面上部のピンク色の円をクリックしてください。

「一般社団法人日本PCIT研修センター」https://pcittc-japan.com/

○第２章では、保育の中でよくある場面での対応を取り上げました。

○第３章は、発達の偏りのある子どもの保護者への支援について書いています。

○第４章は、保育者から寄せられた個別相談に基づいてアドバイスする構成になっています。

＊「保育者からの相談」の項目立ては、99ページの「相談シート」を使用しています。読者のみなさんが実際に専門家に相談するときの参考にしてください。

※本書に掲載した事例は、相談者が特定できないように、個人の情報は一部アレンジを加えました。

第1章

子どもとかかわる基本のスキルを身につける

子どもとの
信頼関係を築く
PRIDE《プライド》※スキル

気になる行動が目立つ子は、
周囲から叱られることが多く、
同時に親や保育者も
叱ってしまったことで自己嫌悪に陥り、
自信を失いがちです。
こんな状況から抜け出すために必要なのは、
子どもとの関係を見直し、改善することです。
そのために役立つのが、「PRIDEスキル」。
子どもと接する際に心がけたい、5つのスキルです。

※PRIDEは、Praise（ほめる）、Reflect（くり返す）、Imitate（まねる）、Describe（行動の説明をする）、Enjoy（楽しむ）の頭文字です。

ＰＲＩＤＥスキルは相手についていくかかわり方

人と人とのコミュニケーションは、相手に「ついていく」ものと相手を「引っぱる」ものに分けられます。「ついていく」かかわりとは、相手を認め支援するもの。これを続けることによって相手の心は安定し、心が開いて、コミュニケーションをとる気持ちがふくらみます。反対に「引っぱる」かかわりとは、「指示する」もの。「ついていく」かかわりと「引っぱる」かかわりをバランスよく行うことが必要です。

「ついていく」かかわりは、子どもに自信や安心を与えます。しかし、日常生活や保育の中では常に子どものリードに従って「ついていく」コミュニケーションばかりというわけにはいきません。指示を出して従ってもらう、いわゆる大人がリードを取る場面もあります。

ただし、相手の心が十分に開いていなければ「引っぱる」かかわりを受け入れられません。発達に偏りのある子どもは身近な大人との関係に「こじれ」ができてしまっていることが多いもの。まずは「ついていく」かかわりを根気よく続け、「引っぱる」かかわりを受け入れられる準備を整えます。「ＰＲＩＤＥスキル」を続けることで「こじれ」がほぐれ、子どもの行動も変わっていくでしょう。

PRIDEスキル①

Praise ほめる

子どもの「よい行動」に注目し、ほめたり感謝を伝えたりします。ポイントは、何をほめられたのかが子どもにわかるように具体的に伝えること。「よい行動」に気づいたら、すぐにほめます。「いい子だね」ではなく、「静かにすわっていられて、いい子だね」などと具体的にほめましょう。子どもに近寄り、きちんと目を見て伝えることも大切です。またほめられたいという思いから、子どもはほめられた行動をより多くくり返したり、よりよく行うようになったりします。

「ほめる」のコツ

具体的にほめる

◯ おもちゃを片づけられて、えらいね。
✕ ○○くんは、えらいね。

よい行動を探してほめる

◯ 静かにすわっていられて、すごいね。
◯ ペンを取ってくれて、ありがとう。

わかりやすいほめ言葉を使う

・（〜したのが）いいね、すごいね、えらいね、上手だね、いい子だね。
・（〜してくれて）うれしいな、ありがとう。
など

PRIDEスキル②
Reflect くり返す

子どもの発言を聞き、その中の言葉をくり返します。ポイントは、語尾を上げない（質問の形にしない）ことと、聞き手の解釈を加えずに、子どもの発言をそのままくり返すことです。

自分の言葉をくり返されることで、子どもは「受け入れてもらえた」と実感し、話を聞いてもらう体験を通して「聞く力」も身につけていきます。言葉や文法に誤りがあっても指摘する必要はありません。さりげなく正しい言い方に直してくり返しましょう。

「くり返す」のコツ

語尾を上げずにくり返す

「プリンが食べたい」と聞いて

◯ プリンが食べたいのね。↓（語尾を下げる）

✕ プリンが食べたいの。↑（語尾を上げる）

間違いはさりげなく修正

子：机が上にあるよ。

◯ 机の上にあるね。

✕ 「机が」じゃなくて、「机の」だよ。

PRIDEスキル③

Imitate まねをする

子どもが遊んでいるときなどに、近くで子どもと同じことをします。保護者や保育者が自分のまねをすることによって、子どもは「認めてもらっている」と感じることができます。大人が遊びをリードしてしまうと、子どもは指示をされたように感じ、遊びが楽しくなくなってしまいます。

子どもが何かを見ているとき、同じ目線になって一緒に見てみるなど、遊び以外の場面でも行動をまねすることは有効です。親や保育者が、子どもの気持ちを知るヒントになることもあります。

「まねをする」のコツ

子どもと同じことをする

◯ 子どもが電車のおもちゃで遊んでいたら、保護者や保育者も近くで電車のおもちゃで遊ぶ。
◯ 子どもが金魚の水槽を見ていたら、同じ目線で水槽を見てみる。

✕ 大人が別の遊びに誘う。
✕ 大人が遊びを発展させる。

よくない行動はまねしない

PRIDEスキル④
Describe 行動の説明をする

子どもがしていることを、声に出して説明します。子どもの動作など、見てわかることだけを、「子ども」を主語にしてそのまま実況中継するつもりで言葉にしましょう。大人の解釈や想像は一切加えずに、事実だけを口に出します。子どもが嫌そうだったら、少しずつ試すようにします。子どもは保護者や保育者が自分に関心を持ち、認めてくれていると感じることができます。

普段、「よくない行動」に注目してしまいがちな保護者や保育者にとっては、それ以外の行動に目を向け、「よい行動」を見つける練習にもなります。

「行動の説明をする」のコツ

子どもを主語にして、行動を言葉にする

◯ ○○ちゃんが、お花を赤く塗っています。
◯ ○○ちゃんが、折り紙を三角に折りました。

子どもの反応を見ながら行う

・楽しそうにしているなら、どんどん言ってみる。
・嫌そうなときは、少しずつ試す。

見てわかることだけを言葉にする

◯ ○○ちゃんが、四角を描きました。
✕ ○○ちゃんが、おうちを描いています。
（四角を描いたのを見て「おうち」と先回りして言うと、命令になる）

PRIDEスキル⑤

Enjoy 楽しむ

子どもと遊んだり一緒に過ごしたりするのを楽しんでいる、ということを表現します。保護者や保育者が笑顔で楽しそうに振る舞うのを見ることで、子どもも楽しく、幸せな気持ちになります。

中には感情を表現するのが苦手な人もいるかもしれません。しかし、表情や態度で示さなければ子どもには楽しさが伝わりません。「楽しまないと」とプレッシャーを感じずに、「これもスキルのひとつ」と割り切って、下に示した「楽しむ」のコツを参考にしながら取り組んでください。

「楽しむ」のコツ

楽しさを「伝える」ことを心がける

- ◯ 子どもには笑顔で接する。
- ◯ 話すときは、子どもと視線を合わせる。
- ◯ 明るい声で、やさしく話す。

苦手意識があっても「スキルのひとつ」として演じる

ＰＲＩＤＥスキルを使うときに避けたほうがよいこと

子どもの自発的で自由な行動を妨げてしまうコミュニケーションは避けるようにしましょう。「～しなさい」のような命令、「～したほうがいいよ」「～してくれる？」などの提案、「何を作っているの？」「なぜこうしたの？」などの質問、「それは違うよ」「～はやめて」「～をしてはダメ」など批判する言い方や大人の意見を言ったりすることなどです。

プラスαの共感コミュニケーション

子どもの「今の気持ち」を言葉にすると、自分の気持ちに寄り添ってもらったことで、子どもは「共感してもらえた」「わかってもらえた」と強く感じ、相手への信頼を深め、安心感も強まります。また、「私（ママ、先生）だったら、悲しいって思うな」など自分の気持ちを伝えるのも、共感を示すコミュニケーションのひとつです。

参考資料：『1日5分で親子関係が変わる！ 育児が楽になる！ PCITから学ぶ子育て』（加茂登志子著／小学館）

8つの「指示をする」スキルで子どもにきちんと伝える

信頼関係ができていない段階で指示をされても、
受け入れにくいものです。PRIDEスキル（※）で
子どもとの信頼関係が構築でき、
「この人は自分のよいところも認めてくれる」と
子どもが思えるようになったら、
「指示をする」コミュニケーションも
受け入れられるようになります。

※PRIDEスキルについては、8～15ページを参照ください。

子どもが「指示に従う」ための土台は保育者との信頼関係

クラス活動の場面では、子どもが保育者の指示に従うことも必要です。ただし日ごろから指示に従いにくい子どもの場合、ただ指示を出してもうまくいかないことがあります。

こんなときに必要なのは、子どもと保育者との信頼関係づくりです。子どもは、相手とよい関係性ができていなければ、指示も受け入れられないことが多いからです。たとえばいつもは信号を守っている横断歩道で、うっかり信号無視をしてしまったとします。それを見ていた警察官に、厳しく注意されたらどうでしょう？　きちんと信号を守っているときはほめられたことがないのに、違反したときだけ叱られる。自分が悪いとわかっていても、少しモヤッとしませんか？　しかし、毎日信号を守っていることをほめてくれる警察官に違反を注意されたのなら、素直に反省することができるのではないでしょうか。

子どもとの信頼関係が構築できたら、効果的な指示を出すことができるように、次のページからの８つのスキルを身につけましょう。そして指示を出して子どもが従ったら、ほめるのも忘れないようにしましょう。

スキル①

直接的に指示する

指示の仕方には2種類あります。ひとつ目が、「～してください」という直接的なもの。ふたつ目が、「～してくれる？」のように質問や提案の形をとる間接的なものです。

ふたつの大きな違いは、間接的な指示に対してはやらないという選択肢も認められる、ということです。

「必ず従ってほしい指示」は、直接的に言うことで、「してほしいこと」がはっきり伝わり、子どもが混乱せずにすみます。

例

× お話をするから、静かにしてくれる？
× お話をするから、静かにしていようか？
→質問・提案される形なので、どう行動するかは子どもに選択権がある。

○ お話をするので、静かにしてください。

スキル②
肯定的に表現する

指示するときは、肯定的な表現を使い、何かを禁止する場合も、「～しないで」ではなく、してほしい行動に置き換えて「～してください」のように伝えましょう。「～しないで」は、「ダメ出し」です。批判しているだけで、してほしいことを伝えていません。やるべきことがわからないため、またよくない行動をして叱られるという悪循環になる場合もあります。こうしたくり返しによって、子どもの自尊感情も下がってしまいます。

例

✕ 大声を出さないで。
◯ 小さな声で話してね。

✕ 友達をたたいてはダメ。
◯「貸して」って、お口で言ってください。

スキル③

一度にひとつずつ伝える

子どもの短期記憶（※）の容量は大人より小さいため、情報をいったん記憶して適切に処理することが得意ではありません。言うことを聞かないのは、指示を覚えきれなかったり聞き取れなかったりしたからかもしれません。指示が届いていないのですから、従わないことを叱られるのは理不尽です。こんな行き違いを避けるため、指示は一度にひとつずつ伝えます。そして、できたことはすぐにほめましょう。一度にひとつずつを意識するとほめる回数も増えます。

例

× 帽子をかぶって水筒を持って、
靴を履いて並んでください。
→指示が多すぎて覚えきれなかったり、手順よく動けなかったりする。

○ 帽子をかぶってください。
⇒「上手にかぶれたね」など具体的にほめる。

○ 水筒を持ってきてください。
⇒「すぐに持ってこられてえらいね」など具体的にほめる。

→わかりやすく、ほめられる回数も増える。

※数秒から数時間の比較的短い時間の記憶。

スキル④

具体的に伝える

子どもへの指示は、具体的に伝えることが大切です。たとえば「ちゃんとして！」という表現の場合、保育者がイメージする「ちゃんと」は場面や状況によって違うはず。それを想像して適切な行動をとるのは、子どもには難しいことです。

「何をすればいいんだろう？」と子どもが迷わずにすむよう、指示の言葉は、曖昧な表現や抽象的な言い方を避けるのが基本です。「してほしいこと」を具体的に伝えるようにしましょう。

例

✕ ちゃんとしてください。
✕ いい子にしていようね。
→「ちゃんとする」「いい子にする」が何を指すのかがわからない。

◯ いすにすわってください。

スキル⑤

「できること」だけを指示する

子どもの発達には年齢による違いがあり、さらに個人差もあります。指示の内容が子どもの能力を超えていた場合、従う気持ちはあっても従うのは無理……という状況が生まれてしまいます。

従ってもらう「指示」の内容は、子どもができることだけに限定しましょう。難しそうなことは、「～をしてみようか？」などと、「提案」をします。提案や質問であれば、子どもが「できない」「やらない」と言うこともできるからです。

例：3歳児に

× はさみでまっすぐに切ってください。
→指示の内容が発達に合っていないため、従う気持ちはあっても従えない。

◯ 紙を半分に折ってください。

スキル⑥

普通の口調で言う

　言うことを聞かないと、つい口調が強くなりますが、こうした指示を続けると、怒ってみせないと言うことを聞かなくなることがあります。強く言うと子どもが従うのは、怖いから言われたとおりにするだけ。自分でやれた感覚にはつながりません。また、指示の内容に納得していないことも多いのです。だからといって、「〜してくれたらうれしい」などと、下手に出る必要もありません。してほしいことは、「普通の言い方」で、丁寧に伝えましょう。

例：騒いでいる子どもに

✕ 静かにしなさいって言ってるでしょ！
→怖いから言われたとおりにする。

✕ 静かにしてくれたらうれしいな。
→従わなくてもいいのかな、という印象を与える。

◯ 静かにしてください。
→普通の調子で丁寧に言うことで、「本気の指示」であることを感じさせ、子どものよいモデルにもなる。

スキル⑦

指示の前後に理由を説明

指示の前またはあとには、「理由」を言いましょう。ただ「〜しなさい」と言われると、疑問や反発が生まれやすいもの。しかし理由がわかれば、納得しやすくなります。行動の理由を説明することは、子どもの気持ちを尊重することにつながるのです。

子どもが指示に従いたくない場合、理由を伝えても「なんで?」などと言い返されることもありますが、これは子どもの「引き延ばし作戦」。指示と同時に理由を伝えているなら「なんで?」はスルーし、従えたときにほめましょう。

例

✕ おもちゃを片づけてください。
→遊びをやめなければならない理由がわからないので、納得できない。

○ ごはんの時間だから、
おもちゃを片づけてください。
→先に理由を言われることで、納得しやすい。

○ おもちゃを片づけてください。
⇒（片づけたら）これでごはんにできるよ。ありがとう。
→指示に従ったあと、理由を添えてほめられると、「今のはよいことだった」とわかる。

スキル⑧
指示と提案・質問を使い分ける

一日中「〜してください」と言われたのでは、うんざりします。命令の数が多いほど従う率は低くなるといいます。指示は必要なときだけにしましょう。

一度出した指示は取り下げないことも大切です。「指示したのにやらなかった」という前例をつくらないようにしましょう。

してくれたらいいな、程度のことは「提案」や「質問」の形にして従ったことを見届けてほめます。指示（必ず従う）と提案・質問（従うかどうかは子どもが決める）を使い分けましょう。

例

× 落ちているクレヨンを拾ってください。
⇒子どもがクレヨンを拾わなくても何も言わない。

→「指示」に従わなくてもよい、という前例になってしまう。

○ 落ちているクレヨンを拾ってくれる？
⇒（クレヨンを拾ったら）拾ってくれてありがとう。

→「提案」であっても、してほしいことをしてくれたらほめる。

指示に従わないときは、理由を考えてみる

子どもが指示に従わなくても、「言うことを聞かない」と決めつけないでください。「従えない理由」があることも少なくないのです。

1 指示の意味がわからない

言い方が曖昧だったり、抽象的だったりすると、子どもは、何をすればよいのかわからないことがあります。

2 自分への指示だと思っていない

クラス全員に同じ指示を出すような場合、自分に言われているのだと気づかない子もいます。全体への指示に加え、個別に伝えるなどの工夫も必要です。

3 従ったのに叱られた

言われたとおりに片づけをしたのに、やり方が粗雑であったことに対して「乱暴にしないの！」と叱られたら、子どもは混乱し、やる気が下がります。指示に従えたときはその点をほめ、それ以外のよくない行動などはスルーしましょう。

保育者へのエール

真剣に向き合うことが子どもにとって今後の支えになる

私はこれまで心理士として巡回相談支援という形で園に出向き、実際に「気になる子」を観察し、先生方と一緒にその子の支援について話し合うという経験をたくさんさせていただきました。体力、気力勝負の毎日の中で子どもたちと真剣に向き合う先生方の姿を拝見し、その熱意に触れ、いつも私自身が励まされています。そして、熱心な先生方ほどその子と保護者のために、その子の将来のために今できることをしなくてはという思いで、日々の保育の中でもどかしさを強く感じているように思います。

そんなときに思うのは、その子に合った具体的な支援をしていくことはもちろん大事ですが、幼児期という心の基盤が育つ時期に、その子のことを本当に思ってかかわってくれた人がいるということ、その事実が子どもや保護者にとっては非常に支えになるということです。子どもにとっては自分自身を信じる力につながりますし、保護者にとってはその子のありのままを受けとめていく長いプロセスの一歩を踏み出すことにつながります。そう信じて、目の前の親子のために一緒に汗をかきましょう。

7つの「選択的注目」スキルで子どもの行動が変わる

子どもの気になる行動をやめさせたいとき、
叱ると逆効果になることはありませんか？
子どもは注目されることが大好き。
そして、叱ることも注目することです。
「注目するべき行動」と「注目を取り去る行動」を分け、
「注目」を戦略的に使っていきましょう。

好ましい行動にだけ注目してほめる

子どもが集団生活を送る園では、子どもの気になる行動への対応に悩まされる場面も出てきます。本人に悪気はなくても、まわりの子に迷惑をかけたりクラス活動を妨げたりしてしまうことがあるからです。子ども自身が園で楽しく過ごすためにも、気になる行動を減らし、好ましい行動を増やすかかわり方を心がけてみましょう。

園でも取り入れられる方法のひとつが、「選択的注目」といわれるスキルです。基本は「気になる行動はスルーし、好ましい行動をほめる」こと。大切なのは、「スルー」と「ほめる」を必ずセットにすることです。

困りごとを抱えた子の多くは、「好ましくないことをして叱られる」という経験をしています。その反面、よい行動はできて当たり前と思われスルーされていることがあります。静かにしている（好ましい行動）ときは注目されないのに、大きな声で騒いだ（好ましくない行動）瞬間に叱られる（注目される）ということが起こりがちです。「注目されることをする」のは、子どもにとって自然なこと。叱られることも、注目の一種であるため、注意を引こうとして気になる行動をくり返してしまう子も少なくないのです。

「選択的注目」は、こうした悪循環を断ち切るのに役立ちます。危険を伴わない限り、好ましくない行動は見えない・聞こえないふりをします。そして適切な行動（好ましくない行動とは反対のよい行動）をしたら、すぐにほめましょう。ただし「選択的注目」が有効なのは、子どもの側に「この先生は、よい行動をしたら必ず認めてくれる、ほめてくれる」という予測が立っている場合です。まずは、日常的に子どものよい行動に目を向けることから始めてください。

保育者同士で情報の共有を

「選択的注目」は、一貫して行うことが大切です。「A先生にはスルーされるけれど、B先生は注目してくれる」という環境では、効果が表れにくくなります。保育者同士で情報を共有し、できれば園全体で取り組みましょう。「選択的注目」によって、子どもは、自分で自分の行動をコントロールすることを覚えていきます。自分のよい点を認めてもらうことや自分をコントロールできた経験は、子どもの自信にもつながります。

選択的注目のスキル①

好ましくない行動はスルー

　子どもが特に大人の注目を引こうとして好ましくない行動をしているときは、子どもとは視線を合わせず、反応しないようにします（注目を取り去る）。「好ましい行動が出るまで静かに待つ」という気持ちで、淡々と振る舞いましょう。「そんなことをしているようでは、もう知りません！　勝手にしなさい！」というような「感情的な無視」ではなく、毅然《きぜん》とした態度で注目を取り去ることが大切です。子どもの感情のコントロールを手助けするには、大人が自分の感情のコントロールをできているということはとても大事です。

感情的になってしまいそうなときは……

・「スキルとして行っている」ことを意識し、
　子どもがどんな行動をしたらほめようか、と考える。
・深呼吸する。
・心の中で数を数える。
・好きなイメージを思い浮かべる。
・子どもを見守りつつ、ほかの作業をする。　など

選択的注目のスキル②

好ましくない行動が収まったらすぐにほめる

子どもが大きな声を出して騒ぐなど好ましくない行動をしていて、収まったらその瞬間を逃さず、すぐにほめましょう。「大きな声を出す→静かになる」のように、好ましくない行動が「反対のよい行動」に切り替わったときが、ほめるタイミングの理想です。すぐにほめられることで理由が理解しやすく、またほめられることをしたいという動機も強まります。よい行動が見られたときにすぐにほめられるよう、好ましくない行動のときも、子どもの行動にはアンテナを向けておきましょう。

選択的注目のスキル③

理由がわかるようにほめる

子どもをほめるときは、「何を」「なぜ」ほめているのかを伝えることが大切です（10ページ「PRIDEスキル①参照）。大きな声を張り上げていたときには注目されなかったけれど、そのあとに小さな声でしゃべったときに「落ち着いていてえらいね」とほめられたら、子どもは声を小さくしたことが理由でほめられたのだとわかります。子ども自身が、「自分で行動をコントロールできたこと」でほめられたのだと気づけるような声かけを心がけます。

例

◯ 静かにお話ができてえらいね。
◯ お片づけができてすごいね。
→自分の行動をほめられていることがわかる。

✕ いい子だね。
✕ ちゃんとできたね。
→何をほめられているのかわからない。

選択的注目のスキル④

「できていること」を見つける

子どもをほめたくても、「好ましい行動」が見られない、と感じる人がいるかもしれません。こうした場合は、まわりと比べるのではなく、「今その子にできること」まで目標を下げる必要があります。「好ましい行動」とは、「好ましくない行動と反対の行動」のことではありません。「大人がしてほしい行動」のことではありません。レベルを上げすぎず、「好ましい行動を見つけてどんどんほめる」ことを心がけましょう。

例

○「すわってお話を聞こうね」と言ったら、従うことができた。
→静かにすわっていられてえらいね。

×「言われなくてもすわって静かにしている」ことを求める。

ほめるポイントの見つけ方の例

「好ましくない行動」の逆は、すべて「好ましい行動」と考えてほめます。

好ましくない行動	好ましい行動
大声を出す	普通の声で話す
走り回る	普通のペースで歩く
(クラス活動中などに)保育室から出ていく	室内にいる
（人の話を聞く場面で）おしゃべりが止まらない	黙って聞く
席を立って動き回る	自分の席にすわっている
順番待ちの列に割り込む	自分の順番を待つ
話を最後まで聞かない	話を最後まで聞く

順番を待ててえらかったね。
上手に片づけができたね。
すわっていられて
すごいね。

選択的注目のスキル⑤

好ましい行動をピックアップする

好ましくない行動をスルーしたからといって、常に100点満点の「好ましい行動」に変わるとは限りません。たとえば、「片づけをせずに騒ぐ」という行動が、スルーしたことによって「文句を言いながら片づける」に変わることもあります。その場合の対応は、「できていることをピックアップしてほめる」のが正解。文句を言っていることには触れず、片づけをしていることをほめましょう。

例

◯ 片づけができてえらいね。
✕ 文句を言わずにやりなさい。
→がんばって気持ちを切り替えて片づけを始めたことを認めてもらえないと、「騒いで注目してもらう」という好ましくない行動が再燃してしまうことも。

子どもにも伝わるほめ言葉集

子どもを具体的にほめることは、子どもとよい関係をつくる上でとても大切です。ほめ言葉の語彙を増やして、子どものよい行動も増やしましょう。

※およそ３歳以上を想定した例です。

選択的注目のスキル⑥

成果を急がない

　好ましくない行動をスルーし始めると、一時的に子どもの行動がエスカレートします（心理学で「消去のバースト」といわれる事象）。これまでと同じことをしても注目されなくなったため、「もっと激しくしてみたらどうだろう」と試しているのです。これは「選択的注目」がうまくいっている証拠。一貫して同じかかわり方を続ければ「今までと同じ方法では注目されない」と気づき、「好ましい行動」が増えていくはずです。

大人がしがちな行動にたとえると……

自動販売機が反応しない。
（いつも起こることが起こらない）

↓

消去のバースト。
（いつもの行動を激しくする）

↓

何度押しても商品が出てこない。
（一貫して反応しない）

↓

「ボタンを押してもムダだ」とわかると、
その行動をやめる。
（好ましくない行動をやめる）

選択的注目のスキル⑦

危険な行動は止める

大人の注意を引こうとしている好ましくない行動はスルーするのが基本ですが、その行動が子ども自身やまわりに危険を及ぼす場合は、本人や周囲を守るためにも止めなければなりません。行動を止める場合も感情的に叱るのではなく、落ち着いたトーンで「危ないから○○はしません」と毅然《きぜん》と伝えましょう。

感情が高ぶって危険な行動に及んでいると思われる場合は、まずは子どもの気持ちを受けとめる言葉かけをします。

危険な行動 ➡ **すぐに止める** ➡ **理由を考える**

感情が高ぶり、気持ちのコントロールが難しくなっている場合
→子どもの気持ちを受けとめる。

注意を引こうとしている場合
→「危ないから○○はしません」と伝える。

行動の理由を見極めて対応を！

実践に向けての練習問題

第1章では子どもとかかわるうえでの
基本となるスキルについて学びました。
この章で得た知識を保育の場で実践する準備として、
4つの練習問題に取り組んでみましょう。
正解はひとつではありません。
間違えても大丈夫！
感覚をつかむ練習なので、
考える過程を大切にしてください。

①「くり返す」の練習問題

Aくんの言葉に、「くり返す」のスキル（11ページ参照）を使って答えてください。

解答例＆解説は次のページ

「くり返す」とは、子ども自身の言葉をくり返すこと。子どもは自分の話を聞き、受け入れてくれる相手への信頼を深めていきます。

「くり返す」の解答例＆解説

正解例

くまさんタワーを作るんだね。

※語尾は下げる。

NG例

くまさんタワー作ろう！

→誘うような子どもの言葉をそのままくり返すと、「命令」になってしまう。

くまさんタワーを作るんだね？

→語尾を上げると、「質問」の形になってしまう。

こんな点にも注意！

①言葉の間違いは、指摘せずに修正してくり返す。

例／クレヨンでお絵描きをしている場面で

子ども：クレヨンに書いた。

◯クレヨンで書いたね。

✕クレヨンに書いたね。

→子どもが正しい表現を覚える手助けをするため、修正は必要。

✕クレヨン「で」書いた、でしょ。

→間違いを指摘されてがっかりし、話す意欲が低下しかねない。

②ネガティブな表現も受け入れる。

子ども：ピンクは嫌い。

◯ピンクは嫌いなんだね。

③好ましくない言葉は、くり返さずにスルーする。

子ども：クレヨンのバカ！　折れちゃった。

◯折れちゃったね。

②「行動の説明をする」の練習問題

お絵描きをしているBくんに、
「行動の説明をする」のスキル（13ページ参照）を使って声をかけてください。

解答例＆解説は次のページ

「行動の説明をする」とは、実況中継するように子どもの行動を言葉にすること。子どもは自分が注目され、認められていると感じることができます。

「行動の説明をする」の解答例＆解説

正解例

Ｂくんが線を描いています。

Ｂくんが青いクレヨンでお絵描きしています。

ＮＧ例

青い線が描けました。

→行動の説明をするときは、子どもを主語にする。

Ｂくんが青い波を描いています。

→説明するのは「見てわかる」ことだけ。想像で「波」と決めつけるのは×。

こんな点にも注意！

①説明するのは行動を終えてからにする。

例／子どもが水道の蛇口をひねろうとしているときに

◯Ｂくんが蛇口に手を置きました。

✕Ｂくんがお水を出しました。

✕Ｂくんが手を洗おうとしています。

→子どもが行動する前に言うと、「命令」になってしまう。

※特に「してほしい行動」だと、先回りしてしまいがちなので注意する。

②見る側が想像したことなどを加えない。

例／クレヨンを手に取ったときに

◯Ｂくんがクレヨンを手に取りました。

✕Ｂくんが何色で塗ろうか考えています。

→「考えている」には、見る側の解釈が加わっている。

目に見えないものは行動の説明にならない。

③「具体的にほめる」の練習問題

自分から着替えをしているCくんに、
「ほめる」のスキル（10ページ参照）を使って声をかけてください。

解答例＆解説は次のページ

子どもの行動を具体的にほめます。「何をほめられたのか」が子どもに伝わるように、わかりやすい言葉を使います。

「具体的にほめる」の解答例＆解説

正解例

お着替えして、えらいね。

※37ページの「子どもにも伝わるほめ言葉集」
も参考にしてください。

NG例

いい子だね。

Cくんはすごいなあ。

→漠然とした言い方だと、うれしい気持ちにはなるが、
何をほめられたのかがわかりにくい。

こんな点にも注意！

①「今よかったこと」だけを言う。

例／子どもが静かにしていられたとき

◯静かにしていてくれて、ありがとう。

✕静かにしていてくれて、ありがとう。いつもできるといいね。

→余計なひと言が加わると、「批判」になってしまうことがある。

②1文にまとめる

◯おもちゃの片づけ、よくできたね。

✕おもちゃを片づけたんだね。よくできたね。

→文を分けると何についてほめられたのかが伝わりにくい。

④「指示をする」の練習問題

すわって話を聞いてほしいときに動き回るＣくんに、
「指示をする」のスキル（18〜25ページ参照）を使って声をかけてください。

解答例＆解説は次のページ

「指示をする」の練習は、子どもが他人の言うことを聞けるようになるためのものです。してほしいことを具体的に、わかりやすく伝えます。

「指示をする」の解答例＆解説

正解例

お話をするので、
すわってください。

ＮＧ例

お話をするので、すわってくれる？

→質問や提案の形だと、「やらなくてもよい」というニュアンスになる。

動かないで！

こんな点にも注意！

①肯定的な表現で具体的に言う。

◯転ぶと危ないから、歩いてください。

✕転ぶと危ないから、走っちゃダメ。

✕走らないで。

→禁止されるだけだと、「何をするべきなのか」がわからない。
ダメと言われると余計にやりたくなる場合もある。

②指示は一度にひとつだけ。

◯絵本を本棚に戻してください。

✕絵本を本棚に戻して、積み木を箱に入れてください。

→複数のことを指示されると、覚えきれなかったり進め方に迷ったりする。

③従ったらすぐにほめることを忘れない。

◯静かに歩けて、かっこいいね！

◯絵本を片づけてくれてありがとう。

→ほめられる経験を重ねることで、指示を受け入れられるようになっていく。

第2章

保育の
場面別の対応

子どもが
かんしゃくを
起こしたときの対応

子どもがかんしゃくを起こすのは、
感情をコントロールする能力が未熟なため。
身近な大人に手助けしてもらいながら
気持ちを収める経験をすることで、
感情を調整する能力を身につけていくのです。
かんしゃくの原因なども考えて適切な対応を
心がけることが、子どもの成長につながります。

行動だけではなく「前後」に目を向けて対応を考える

かんしゃくとは、強い感情をコントロールしきれないときに大声を出す、暴れる、泣くといった行動をとること。2〜3歳の子どもに最も多く、言葉の発達に伴って5歳ごろには少なくなっているのが一般的です。

子どもは成長の過程で感情との向き合い方を身につけていくため、幼い子がかんしゃくを起こすのはごく普通のこと。ただし、たびたび起こしたり収まりにくかったりすると、本人にとってもつらく、まわりからも「困った子」と思われてしまいがちです。

子どもがかんしゃくを起こしたときは、その「前後」を考えることが大切です。感情が動くきっかけとなった出来事は何か？　何がその子にとっての「引き金」になったのか？　まわりの大人がどのようにかかわり、その結果どうなったのか？　子どもはどのようにして感情を収めたのか？　その経験で子どもは何を感じたか？　前後の流れを把握することで子どもの気持ちや何が起きているのかが見えるようになります。適切な対応をとることができれば、かんしゃくの頻度や強さを軽減することができます。

かんしゃくの対応について考えるためのふたつの視点

かんしゃくをその前後を含めて見ていく際には、おもにふたつの視点が求められます。ひとつ目が「コミュニケーションの手段」である可能性。自分では対処できないほどの強い感情に子ども自身が困り、助けを求める思いがかんしゃくにつながるケースです。

ふたつ目が、「悪循環のパターン」になっている可能性。感情のままに泣いたり騒いだりしたら要求が通ったり、不都合な状況を避けられたりした経験から、かんしゃくを「目的達成の手段」として使うようになってしまうこともあるからです。

原因やその場の状況に応じて適切な対応ができれば、かんしゃくによる好ましくない行動は減らしていくことが可能です。身近な大人に手助けしてもらいながら強い感情を収める経験を重ねることで、子どもは感情をコントロールする力を少しずつ身につけていきます。かんしゃくを起こしたときは、「子どもの感情調整能力を高めるチャンス！」と考えることもできます。時間はかかりますがじっくり向き合ってください。

コミュニケーションの手段としてのかんしゃく

強い感情に圧倒され、「なんとかしてほしい」と助けを求めてかんしゃくを起こしている場合、混乱している子どもにとって何より必要なのは「安心」と「安全」です。まずは子どもに寄り添い、「○○ちゃんと一緒にいるよ」など安心させるような言葉をかけましょう。

次に、そのときの気持ちを子どもに代わって言葉にし、共感を示します。「積み木が崩れちゃって嫌だったんだね」「がんばったのに残念だね」などと保育者に声をかけてもらい、「わかってもらえた」と感じることで、不安や混乱が小さくなります。

○○ちゃんと
一緒にいるよ。
大丈夫だよ。
積み木が
崩れちゃって
嫌だったんだね。
がんばったのに、
残念だね。
上にのせるとき、
先生がここを押さえ
ていようか？

子どものしたいことが、自分ひとりで達成するのが難しく、かんしゃくを起こした場合は、子どもの同意を得て、その部分だけを大人が手を貸してもよいでしょう。子どもが落ち着いたら、「手伝ってほしいときは言おうね」など、「次はどうすればよいか」を伝えます。興奮しているときに言っても受け入れないので、必ず気持ちが落ち着いてからにします。

子どもの感情はすべて受け入れますが、暴力を振るったり、自分を傷つけたりする危険な行動は、毅然《きぜん》とした態度で止めます。コントロールする必要があるのは、好ましくない行動だけです。行動の原因となる感情まで否定しないようにします。

手伝ってほしい
ときは言おうね。

くやしかった
んだね。
でも、
人のことは
たたきません。
怒っちゃダメ。
イライラしないよ。

ケース1　友達の態度に腹を立てた子ども

お絵描きの時間に、早く描き終わったAくんが、隣のBくんに話しかけました。まだ描いていたBくんに「あっち行って」と言われたことに腹を立て、かんしゃくを起こしたAくんが、Bくんの絵を丸めて投げてしまいました。どのような対応が考えられるでしょうか。

対応例①　Aくんの気持ちを受け入れる

「あっち行ってって言われたのは嫌だったね」とAくんの気持ちを受けとめたうえで、「友達の絵は大事にします」と伝えます。

対応例②　状況理解を助ける

Aくんの気持ちが落ち着いたら、「Bくんは『お絵描きをしているから今はお話ができないよ』って言いたかったんだよ」と説明し、「次からは『そんなふうに言わないで』って言うといいよ」などのアドバイスをします。

対応例③　「ひまな時間」をつくらない

前もってAくんに「描き終わったら先生のところに持ってきてね」などと伝えておくなど、「次にすること」を具体的に指示することで、Aくんが退屈してちょっかいを出す機会をつくらないようにします。

悪循環のパターンとしてのかんしゃく

かんしゃくを起こすことで要求が通る、やりたくないことをやらずにすむ、というパターンができている場合、悪循環をいったん断ち切る必要があります。好ましくない行動はスルーし、適切な行動はほめる「選択的注目」のスキル（28ページ参照）が役立ちます。子どもが騒いだり泣いたりしても反応しない（注目を取り去る）ようにします。静かになるまで待つつもりで淡々と振舞います。好ましくない行動をスルーすることは「もう知りません！」のような感情的な無視とは違います。怒っている威圧感を出さないようにします。

子どもが静かになったら、その瞬間をとらえてほめます。曖昧な表現ではなく、「何を」「なぜ」ほめられたのかがわかるようにほめましょう。「選択的注目」が有効なのは、子どもが「よいことをすれば必ずほめてもらえる」と思える場合。日ごろから子どものよい行動に目を向けてほめることを心がけましょう。「スルーされること」「ほめられること」が相手によって違うと、「選択的注目」は効果がありません。保育者同士で情報を共有し、一貫性のあるかかわり方をします。好ましくない行動をスルーし始めると一時的にかんしゃくが激しくなることがありますが、これは効果が出ている証拠。そのまま根気よく続けます。

ケース2　遊びをやめたくなくて、泣きわめく子ども

外遊びから室内での活動に移るとき、Cちゃんが「まだやめたくない」とかんしゃくを起こし、騒いで泣き出しました。以前も同じことがあり、そのときは保育者が付き添ってCちゃんだけ外遊びを続けました。今後はどのように対応すればよいのでしょうか。

対応例①　「おしまい」のタイミングを事前に決めておく

Cちゃんが好きな遊びを始めるときに、「5回やったら終わりだよ」「時計の長い針が上に行くまでだよ」など、終わりにするタイミングを約束しておきます。

対応例②　気持ちは受けとめ、約束は取り下げない

Cちゃんがやめるのを嫌がって、またかんしゃくを起こしたら、「もっとやりたいね」などとCちゃんの気持ちを受けとめたうえで、「もうおしまい」と次の活動に移ります。遊びをやめたら切り替えた瞬間を見逃さず、「終わりにできてえらいね！」など、「何をほめられたのか」がわかるようにほめます。遊びをやめなかったら保育者が近くでさりげなく見守りつつも、積極的にはかかわらないようにします（子どもに「注目されている」と感じさせない）。

子どもがパニックを起こしたときの対応

パニックは、子どもが抱えきれないほどの
不安や緊張などを感じたときに起こります。
わざとやっているわけではなく、
自分でも行動をコントロールすることが、
できなくなってしまうのが特徴です。
正しく対処するためには、普段の子どもの様子から
パニックの背景やきっかけを考えていくことが必要です。

パニックとして表れる激しい行動

頭が混乱してどうしたらよいかわからなくなるような状態を、「パニックを起こした」と表現することがあります。経験値が高い大人なら、とっさに感情のコントロールが可能かもしれません。想定外のことが起こっても、「一瞬固まる」程度で対処することができます。しかし、子どもの場合、不安、緊張、興奮などが高まりすぎて許容範囲を超えると、激しい行動（パニック）となって表れることがあるのです。

パニックの表れ方は人によって異なりますが、多く見られるのは、次のような行動です。

・大きな声で泣き叫ぶ
・その場から走り去る
・その場から動けなくなる
・自分を傷つける行動（頭を壁や床に打ちつける、頭や顔をたたく、腕をかむ　など）
・他人を傷つける行動（他人をたたく、蹴る、かみつく　など）

パニックはコントロールすることができない

パニックとかんしゃく（※）はよく似ていますが、別のものだということを知っておきましょう。まず、かんしゃくは周囲に助けを求める「コミュニケーションの手段」や、自分の要求を通すために好ましくない行動をとる「悪循環のパターン」として起こるものです。

それに対して激しい感情がきっかけとなるパニックは、コントロール不能です。混乱している本人が、一番つらい思いをしています。「周囲にやつあたりして、本人はすっきりしている」「わがままな要求を通そうとしている」などと受けとめるのは誤解です。

パニックとかんしゃくを、その場の行動から見分けるのは難しいもの。周囲の大人が子どもの特性などを理解し、前後の状況なども観察したうえで対処法を考えることが大切です。

また、パニックを起こしやすい子どもの背景には発達の偏りがあることが少なくありません（次のページ参照）。さらに、不適切な養育などによるトラウマ（心の傷）がかかわっている可能性も考える必要があります。発達の問題とトラウマの両方がかかわっていることも多いです。

※子どものかんしゃくへの対応は、50〜57ページで詳しく解説しています。

発達の偏りを示す行動や発達の特性の例（※）

①生活面（食事）
- □ 偏食がある
- □ お弁当にはいつも同じおかずが入っている

②健康・運動面
- □ 手先が不器用
- □ 動きがぎこちなく、バランスをとる動きなどが苦手

③言語面
- □ 話が通じにくいことがある
（人の話を聞けない、自分だけ一方的に話してしまうなど）

④行動面
- □ 予定変更や新しい場面が苦手
- □ こだわりが強い（保育室でいつも同じ席にすわりたがるなど）

⑤社会性
- □ 特定の友達に興味を示し、嫌がられてもしつこくしてしまう
- □ 大人が本人のペースに合わせてかかわっている場面では、落ち着いて過ごせる

⑥感覚面
- □ 手が汚れるのを嫌う
（工作や砂遊びをしているときにすぐ手を拭きたがるなど）
- □ 衣服の素材やサイズにこだわりがある
（柔らかい素材の洋服しか着られない、いつも大きめの服を着ているなど）

あてはまるものがある
→発達の偏りがあり、感覚の過敏さなどがパニックにつながっている疑いがある。

トラウマ的な体験がかかわっている可能性
→発達の偏りの有無にかかわらず、不適切な養育などによるトラウマが背景にある可能性も考えておく。

※発達の偏りを示す行動や発達の特性は、上で挙げた以外にもさまざまなものがあります。

パニックは予防することが大切

パニックへの対処は、予防が第一です。パニックには、必ず誘因（きっかけとなること）があります。たとえば、「急な予定変更によっていつものルーティンが乱れるのが苦手」「ほかの子どもとかかわるのが苦手」「急に体をさわられたのが嫌だった」などです。まずは、子どもの様子を観察してみてください。そして、どんなときに感情が大きく動くのか、その前後に何があったかを考えていくと、子どもの苦手なことが見えてきます。そしてパニックの誘因の予測がついたら、誘因となる刺激を遠ざける工夫をしましょう（次のページ参照）。

行動を観察しても誘因がわからない場合は、子どもがパニックを起こしたとき、落ち着いてから「何が嫌だったの？」などと聞いてみてもよいでしょう。ただし、不適切な養育（たたかれたり、怒鳴られたりする）などが背景にある場合は、何かをきっかけに不快感やつらさが鮮明に思い出されて（フラッシュバック）、パニックにつながることもあります。行動を観察したり本人に尋ねたりするだけでは誘因がわかりにくい場合は、トラウマがかかわっている可能性も考えて、行政や医療機関などによる専門的な支援につなげることも検討しましょう。

パニックの誘因と刺激を遠ざける工夫の例

予定が変更になっていつものルーティンが乱れた

決まった手順を守ることに
こだわりがある可能性

↓

予定が変わる場合、前もって変更後の内容を伝えておく。

今日は園庭
じゃなくて、
さくら公園で
遊ぶよ。

急に体にさわられた

感覚の過敏さがある可能性

↓

体に触れるときは、声をかけてから。本人が嫌がらないさわり方を知り、力の入れ具合などにも気を配る。

Aくん、
手をつなごうね。

友達の反応が予想外だった

人の感情を読み取ったり、言葉でやりとりしたりするのが苦手な可能性

↓

友達の行動の意味を適切に解釈できるように、保育者がわかりやすい言葉で伝える。

Bちゃんは意地悪
したんじゃなくて、
まだお人形で
遊びたかっただけだよ。

パニックを起こしそうなときに助けを求める方法を伝えておく

パニックを起こしたとき、本人はとても怖い思いをしています。そのため、一度パニックを起こすと「またあんなことが起こるのでは」という不安が生まれ、そのせいでさらにパニックを起こしやすくなる……という悪循環に陥ってしまうのです。

日ごろから誘因を遠ざけることに加え、「パニックが起きそうなときにできること」を子どもに伝えておくことも予防に役立ちます。子どもの年齢や特性に合わせて、パニックが起こる前に保育者に助けを求める方法を考えましょう。

気持ちを言葉で表すことができる子なら、「嫌なことがあったら、先生に言いに来てね」と伝えておきます。それができるようになってきたら、「急にさわらないでください」「音を止めてください」など、苦手なことや、してほしくないことを言葉で訴える方法も少しずつ教えていきましょう。

言葉で表すのが苦手な場合は、「困っています」の意思表示のカード（ヘルプカード）を子どもに持たせておき、「ドキドキしてきたら、このカードを先生に渡してね」のように約束しておきましょう。

パニックを起こしたときは静かに見守る

予防を心がけても、パニックを起こしてしまうことがあるかもしれません。その場合は、刺激せずに落ち着くのを待つのが基本です。

パニックの続く時間は、数分~20分程度のことがほとんどです。いったん起こったら、叱ったりやめさせようとしたりしても効果はありません。ただし、安全確保は必要なので、必ず近くで見守りましょう。

壁に頭をぶつけるなどの自傷行為が見られる場合は、壁と頭の間にクッションをはさむなどの方法でケガを防ぎます。無理やり体を押さえつけるのは避けましょう。かえって興奮させてしまったり、感覚過敏がある場合、不快な刺激によって行動がさらに激しくなったりする可能性があるからです。

近くにほかの子どもがいると、巻き込まれてケガをしたりトラブルになったりする可能性があるので、距離をとるようにします。可能であれば、本人ではなくほかの子どもたちを離れたところや別室に移動させます。

興奮が収まったら「大丈夫だよ。先生はここにいるよ」などと穏やかに声をかけて安心させ、「自分で落ち着けてえらいね」のように気持ちを静められたことをほめましょう。

子どもが発作的に友達をたたいたときの対応

すぐに手が出てしまう子は
園でも「乱暴な子」「困った子」という目で見られがち。
しかし実際は、一番困っているのはその子ども自身です。
保育者が心がけたいのは、子どもの気質や場面に応じて
適切なサポートをしていくこと。
言葉で気持ちを伝える方法を、
根気よく教えていきましょう。

子どもの怒りを受けとめる

すぐに手が出てしまう子は、気質的に衝動のコントロールが苦手だったり、刺激に反応しやすかったりする可能性があります。衝動性の高さは「暴れ馬」のようなもの。乗り手である子どもが、自分の力だけで抑えるのは難しいのです。よくないこととわかっていながら止められず、叱られることが多いため、「自分は悪い子だ」と自尊心が低下し、傷ついていることが多いです。まわりの大人はこうしたことを理解し、「乱暴なことをする困った子」ではなく、「困っている子」と認識してサポートしていくことを心がけましょう。

ただしどんな理由があっても、「暴力はいけない」というルールを曲げてはいけません。乱暴なことをしそうになったり、してしまったりしたときは、まず子どもの気持ちを聞き、「〜が嫌だったんだね」などと受けとめます。そのうえで「でも、人のことはたたきません」と、はっきり伝えましょう。

このとき、「怒っちゃダメ」のような言い方をしないように注意します。怒りは、人間にとって大切な感情のひとつ。いけないのは、怒ることではなく暴力を振るうことです。怒りやもどかしさといった子どもの「気持ち」はしっかり受けとめ、「好ましくない行動」だけを制限することが大切です。

乱暴な行動を止める

暴力は、たたかれた側だけでなく、たたいてしまった子の心も傷つけます。子どもをサポートするためには手が出てしまう前に声をかけ、行動を止めるのが理想です。そのためには日ごろからどんな場面で手が出てしまうのかを分析し、その子に合った対応を考えていくことが大切です。

適切なかかわり方ができても、すぐに子どもの行動が変わるわけではありません。しかし、根気よく続けてください。「困っている子」には、まわりの大人のサポートが必要です。理解され、よい面を認められる経験を重ねることで子どもは少しずつ成長し、暴力ではなく言葉で気持ちを表現できるようになっていくのです。

また、子どものケアと同時に家庭環境にも目配りが必要です。すぐに手が出てしまう子は、家庭でも「困った子」として扱われがちです。保護者から強く叱られたりたたかれたりしている場合もあります。衝動のコントロールが苦手な気質に保護者の不適切なかかわり方が重なると、子どもの好ましくない行動がますます増える……という悪循環に陥りかねません。養育環境が不適切だと思われる場合は、保護者への支援も必要でしょう。

手が出てしまう子どもの背景として考えられること

子どもの気質的な特徴や
まわりの人のかかわり方の影響が考えられます。

衝動をコントロールできない

怒りなどをきっかけに「手が出てしまう」のをがまんするのが難しい。「〜したい」と思うと、結果を考えずに体が動いてしまう。

※じっとしているのが得意ではなく、そわそわしがちな子どもや話を最後まで聞かない子どもは、衝動のコントロールが苦手なことが多い。

家庭で問題児扱いされている

家庭で厳しく叱られることが多い可能性がある。共感してもらったり自分を認めてもらったりする経験が少ないかもしれない。

よい面に注目される機会が少ない

よい面があるのに、人をたたくなど「よくない面」ばかり注目され、保育者だけでなく友達にも「困った子」というイメージで見られているかもしれない。

基本の対処

気持ちは受けとめ、よくない行動だけを制限します。

○「電車のおもちゃで遊びたかったんだね。Aくん、電車が好きだもんね」

子どもの思いを受けとめます。「あれがほしい」「使えなくて腹が立った」などの「感情」はいけないものではないので、否定せずに共有します。

○「でも、人のことはたたきません」

暴力を振るうという「行動」だけを制限します。「どんな理由があっても、だれに対しても暴力はいけない」という姿勢を貫きます。

×「たたいたらダメって、いつも言ってるでしょ！」

子どもの気持ちを受けとめず、乱暴したことだけを叱るのは避けます。

×「今は○○くんが使っているんだから、怒ったらダメだよ」

Aくんの気持ちまで否定しないように注意します。止めるべきなのは怒ることではなく、暴力を振るうことです。

「暴力はダメ」は一貫して守るルールです。この「基本の対処」をベースに、場面に応じたサポートをします。

たたくかわりの行動を教える

自分の気持ちや要求をうまく伝える方法がわからないため、相手を押したりたたいたりしてしまうと考えられます。友達のおもちゃを取ろうとして手が出たら、前ページで解説している「基本の対処」に加えて「たたく代わりにするとよい行動」を教えます。言葉で気持ちを伝えることができた際には、「言葉で言えてえらいね」などと毎回それを具体的にほめていくと、少しずつ言葉で言えることが増えていきます。

また、「貸して」と言えば、必ず貸してもらえるわけではありません。「貸してって言っても貸してもらえなかったら先生に言いに来てね」など、希望がかなわなかった場合の対処法も伝えておきましょう。

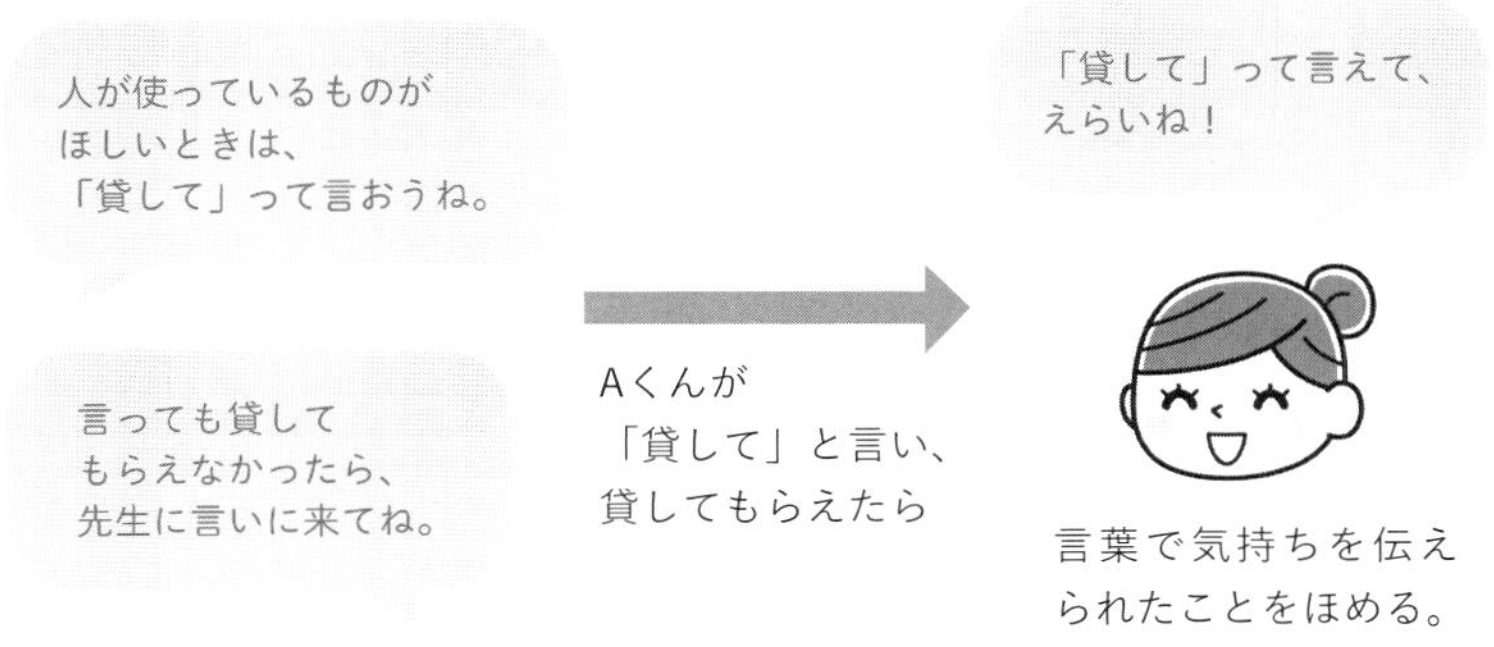
人が使っているものが
ほしいときは、
「貸して」って言おうね。
言っても貸して
もらえなかったら、
先生に言いに来てね。
Aくんが
「貸して」と言い、
貸してもらえたら
「貸して」って言えて、
えらいね！
言葉で気持ちを伝え
られたことをほめる。

友達の行動の真意を伝える

園でも家庭でも問題児扱いされ、認められることが少なく、自信がない子どもは、友達が悪気なく注意したような言葉にも過敏に反応して手が出てしまうことがあります。また「どうせ自分は嫌われている」などと、悲観的な気持ちにもなりがちなので、注意が必要です。

「基本の対処」のように本人の気持ちを受けとめたうえで、注意した子の真意を伝え、誤解を解きましょう。「Bちゃんは意地悪したわけじゃないよ」などと伝え、まわりの子には「Aくんに注意するときは先生からお話をするから、いけないことをしていたら教えてね」と話し、保育者が間に入ることでトラブルを予防します。

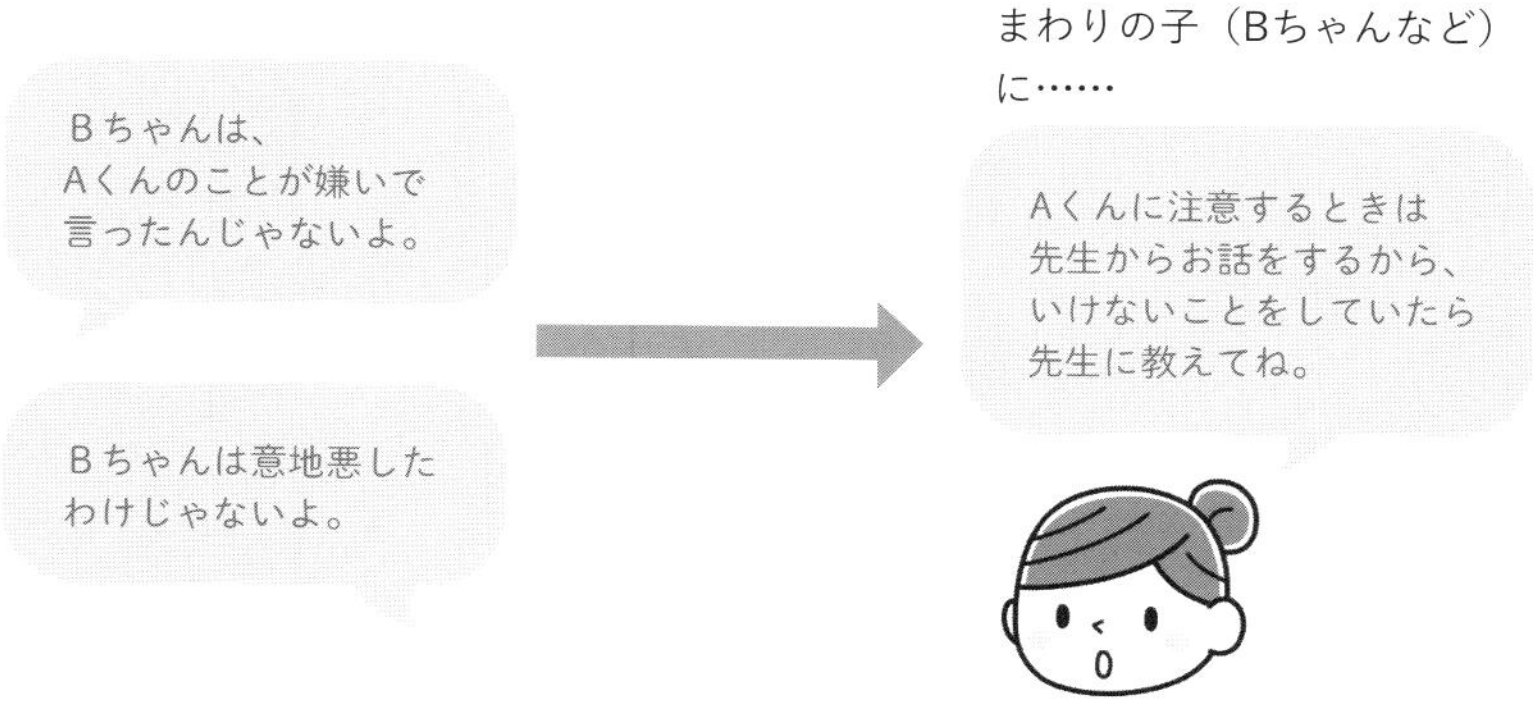
Bちゃんは、Aくんのことが嫌いで言ったんじゃないよ。
Bちゃんは意地悪したわけじゃないよ。
まわりの子（Bちゃんなど）に……
Aくんに注意するときは先生からお話をするから、いけないことをしていたら先生に教えてね。

Aくんとの「つきあい方のコツ」を教え、保育者が間に入るようにすることで、トラブルを予防する。

刺激の少ない環境を整える

子どもは本人にとって「刺激になりやすいタイプ」の子とは、ちょっとしたことでトラブルになる傾向があります。「基本の対処」に加えて物理的に距離をおくようにすることも有効です。

刺激になりやすいのは、声や動作が大きかったり、やたらと注意したがったりするタイプの子どもです。「嫌い」なのではなく、お互いが刺激しあってしまうだけ。「相性」の問題なので、席を離す、グループ活動では、別のグループにするなどの配慮をします。

かんしゃくを起こして手が出る

何らかの理由で感情をコントロールできなくなると、暴れたり暴力をふるったりしてしまうことがあります。暴力をふるってしまった場合も、いきなり叱るのではなく、まずは感情を落ち着かせる手助けをします。気持ちを受けとめてもらえるまでは、叱られても受け入れられません。

まずは場所を替えて、クールダウン。ほかの子がいない部屋に連れていき、子どもが落ち着くまで見守ります。落ち着いたら、「基本の対処」へと進みます。

子どもが行事に参加したがらないときの対応

運動会や遠足、お遊戯会などの特別な行事を
すべての子どもが楽しめるわけではありません。
発達に偏りがある子どもの場合、
いつもと違うことはストレスになりやすいからです。
行事に参加したがらないのは
「やりたくないから」ではなく、
「できないから」であることも多いのです。
つらさの原因に応じて、
適切な工夫や手助けをしていきましょう。

参加できない理由が必ずある

行事に参加するのが苦手な場合、発達の偏りが原因になっていることが少なくありません。「行事は楽しいもの」というのは、大人が持っているイメージ。生活サイクルやまわりの雰囲気がいつもとは異なり、特別なことをしなければならない状況を負担に感じる子どももいるのです。

子どもが行事に参加したがらない場合、まず「なぜ？」を考えることが基本です。行動には、必ず理由がありま す。「わがまま」「やる気がない」などと受けとめると、大切なことを見過ごしてしまいます。その子どもの普段の様子などから、「なぜできない・したくないのか」を見極めましょう。

対処法を考える際の一番のポイントは、無理強いしないことです。どうしても難しい場合は、参加を見送るという選択肢も必要です。

子どもが安心して楽しめれば、次につながる

行事の参加が難しいと思われる場合でも、最初から「参加・不参加」という2択にするのではなく、どうすれば参加できるか、という方向で考えてみましょう。「ほかの子どもと同じやり方をするのが難しい」ことを「できない」と決めつけず、子どもの特性や行事の内容に応じて、部分的に参加する、保育者や保護者が手助けをするなどの工夫をしてみてください。できる範囲でも参加すれば、本人の自信につながり、今後参加する意欲が高まります。

行事が「がまんさせられたつらい体験」として記憶に残ると、参加する意欲はかえって低下します。それよりは参加を見送って「つらい経験」を避けて、成長を待ち、次に参加できる機会に期待したほうが前向きな選択です。

最優先したいのは、子どもが安心して行事を楽しめることです。子ども自身が「楽しかった！」と思えれば、「次もやってみようかな」というポジティブな気持ちが生まれるからです。

ルーティンが乱れるのが苦手なら事前にスケジュールなどを伝える

想定外のことに柔軟に対処するのが苦手な場合、「見通しを立てられない不安」を小さくするための手助けをします。いつ、どこで、何をするのか、子どもにわかりやすい形で事前に伝えておきます。

たとえば、運動会はプログラムの進行を具体的に説明します。言葉で伝えるより、視覚的にわかる写真やイラストを使うのがおすすめです。遠足なら未経験のことをイメージできるように、スケジュールに加えて行き先の情報なども、事前に詳しく伝えておきます。「当日のお楽しみ」は不要。交通手段は何か、移動時間はどのぐらいか、目的地はどこか、そこで何をするのかなどを具体的に伝えます。

運動会や遠足など、天候によってスケジュールが変更になる行事もあると思います。事前にそのことについても子どもに説明しておきましょう。

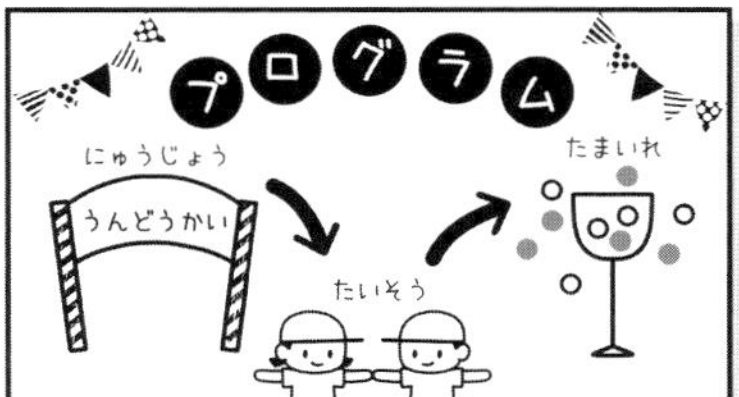

特定の感覚が過敏なら本人にとってつらくない対処法を工夫する

本人にとっての刺激をなくしたり弱めたりする工夫をします。大きな音が苦手なら、競技のスタートの合図を笛やピストルから手をたたく方法に変えてみます。大きな声や音が聞こえる場面では、本人が耳栓やイヤーマフなどを使うことを検討してもよいでしょう。またつらくなった場合に備えて、静かに休める場所を用意しておきます。「つらくなったら、先生のところに来てね」などと事前に伝え、自分からヘルプを出せるようにしておきましょう。特定の感触が苦手なら衣装の形や素材を変えたり、その子は衣装をつけなくてよいことにしたりする、手をつなぐ代わりに、短いリボンなどを持つなどの方法もあります。

競技への参加を見送らなければならないときは、競技以外の形でその子にも無理なくできる内容を盛り込むなどの配慮をします。

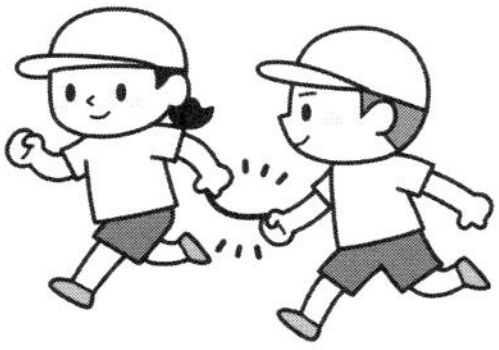

いつもと違う特別な環境・行動が苦手なら「できる方法」を探す

「全部みんなと同じようにすること」をゴールにせず、その子が安心して楽しめる方法を探します。気持ちを言葉で伝えられる子なら、本人と相談してみてもよいでしょう。苦手な競技などは参加を見送り、できるものには参加する、保育者、保護者、友達などにサポートしてもらう、競技や演技には参加せず、保育者と一緒に進行などを担当する、その場にいることが嫌でないなら、見学して場の雰囲気を共有するなどの方法が考えられます。

「みんなと違う形での参加はかわいそう」「がんばることはよい経験になるはず」などは、大人目線の考え方。本人にとって本当に「よい経験」になる方法を考えましょう。特性に配慮した形での参加になる場合、事前に保護者の了承を得ます。「みんなと同じ」にこだわると子ども自身がつらいこと、必要な手助けをして「よい経験」をさせることがプラスに働くことなどを伝えます。保護者の中には、「特別扱いされている」などの誤解を恐れる人もいます。保護者自身が希望する場合は、ほかの保護者に事情を説明する場を設けてもよいでしょう。

集団の練習が苦手なら まずは個別練習から始める

体を動かしながら覚えることが苦手な子、失敗を嫌がる子などは、集団での練習がつらいこともあります。まずは個別の練習を手助けします。覚えてからならできる、という子どもならば、納得するまでみんなの練習を見学してもらいます。見本の動画などを用意し、保護者の協力を得て自宅で練習してもらうのも手です。

じっとしていることが苦手なら 「空き時間」を減らす

いつもと違う環境や雰囲気でテンションが上がりすぎてしまう子どもは、自分の出番以外のときに騒いだり動き回ったりするのを防ぐ手だてを考えましょう。保育者の手伝いなどを頼むなど何か役割を与えると、「静かにしていなければならない時間」が減ります。たとえば、保育者が子ども全員にお面を配る間に生じる空き時間をなくすために、保育者と一緒にお面を配るなどの工夫です。

第3章

保護者への支援

困りごとを抱えた子の保護者支援のあり方

園でのトラブルの報告や困りごとに関する相談などは
保護者にとって受け入れがたいことかもしれません。
保育者にとっても、気を使う問題です。
「困りごとを抱えた子」と
その保護者をサポートしていくために
保育者ができることやかける言葉を
ふたつのケースと３つの場面をもとに考えます。

保護者支援の基本は保育者との信頼関係を築くこと

子どもの成長や発達には、まわりの大人の対応が大きな影響を及ぼします。昼間は園で過ごしていても、子どもたちの生活のベースは家庭です。特に発達に偏りが見られたり、困りごとを抱えたりしている子どもの場合、園と家庭で一貫性のある対応ができるのが理想です。そのためには、保育者と保護者が連携し、園と家庭の両方で子どもを見守っていくことが必要です。

ただし、保護者の事情やものの考え方はさまざまです。スムーズに情報や意見の交換ができるとは限りません。園からの相談ごとがうまく伝わらない、家庭での様子を話してもらえない、子どもへの接し方に心配な点がある……。保育者には、子どもを支援するのと同時に、こうした「気になる保護者」を支えていく役割も求められているのではないでしょうか。

保護者とのかかわり方は、子どもへの支援以上に難しい場合があります。たとえ善意からであっても、園からの助言に抵抗を感じる保護者も少なくありません。ここでは、保育者を悩ませることが多い、ふたつのケースを例に保護者支援のポイントや注意点を紹介します。どちらの場合も、保育者として意識したいのは「保護者の現状を受けとめる」姿勢です。

ケース1

園からの相談に非協力的な保護者

園で気になること

ひとり遊びの邪魔をされるのを嫌がるAくん。一緒に遊ぼうとした友達をたたいたり、かみついたりしてしまったことを保護者に伝えましたが、「家ではおとなしく遊んでいます」と、心配する様子がありません。

step1　保護者の態度や行動の理由を考える

非協力的に思えても、保護者側には必ず理由があります。相談したいことが伝わらなかったり、否定的な反応をされたりしても、「困った親」と思ったり、「ごまかしている」などと決めつけたりしないようにします。

親と子は、似た特性を持っている場合があります。話がうまく伝わらないと感じたときは、子どもの特性を思い浮かべてみましょう。非協力的に見える保護者の態度は、「遠回しな表現が伝わりにくい」「抽象的な表現が苦手」などが原因であることも考えられます。

友達とのトラブルは、集団生活だから起こりやすいこと。家族だけで暮らす場では同様の問題が起こりにくいため、親が子どもの「困りごと」になかなか気づけないこともあります。

「困りごと」を認めると、病院での診断を求められる、園での扱いが変わるなど、子どもに不利益があるのでは？　という心配から、保育者からの報告を否定したくなる保護者もいます。

step2　保護者とよりよい関係をつくる

保護者は、保育者が子どもを理解し応援してくれていることに気づくと、気持ちがほぐれてきます。保育者を信頼できるようになると、保護者が感じている困りごとも話せるようになり、園と家庭の情報共有が進むきっかけにもなります。「家では困ったことはない」と言われても、反論せずに受け入れましょう。

step3　保育者として、保護者に寄り添うアドバイスをする

園で解決したいこととは違っていても、まずは保護者の困りごとに沿って話します。保護者に必要なのは、子どものことを一緒に考えてくれる人の存在を知ることや、困ったときに相談して、よい結果に結びつく経験をすることです。「保育者も一緒に、友達と仲よく遊びました」「おうちでのやり方を園でも試してみます」などと、子どもへのかかわり方を少しずつ共有していきます。保護者の話に耳を傾け、子どもとのかかわり方について、よいと思った点は言葉に出して伝えましょう。保護者は、自分のがんばりに気づいていないこともあります。

ケース2

子どもを叱りすぎる保護者

園で気になること

Bちゃんのお母さんは、ちょっとしたことで子どもを厳しく叱ります。ほめられることが少なく、お母さんの前で萎縮しているように見えるBちゃんが心配です。

step1 保護者の態度や行動の理由を考える

気になる保護者は、日ごろから様子をよく見ておくことが大切です。叱るきっかけや保護者の態度から、「なぜ叱るのか」を考えます。保護者側の理由を考えずに、ただ叱るのをやめさせようとしても、効果はあまり期待できません。保護者が忙しかったり、疲れていたりするときも感情のコントロールがうまくできなくなっている可能性があります。

ほかの子と比べて「できない」ことが目につき、先回りして口うるさく言ってしまうこともあります。また子どもとのかかわり方は、自分の経験がベースになります。自分が叱られながら育った場合、子どもにも同じことをしてしまいがちです。

step2　保護者とよりよい関係をつくる

保育者は子どもへのかかわり方の「よいモデル」になることを心がけ、子どもに対しても保護者に対しても「できたことをほめる」かかわり方をしてみましょう。保護者自身がほめられることで、子どもをほめられるようになっていくかもしれません。

子どもを叱りたくなる気持ちには共感を示しましょう。「イライラしますよね」「言うことを聞いてくれないと怒りたくなりますよね」など、保護者に寄り添う言葉をかけます。衝動的に叱っているように感じられる場合は、「お疲れのようですが、大丈夫ですか？」「お手伝いできることがあれば言ってくださいね」などと声をかけ、保護者への配慮を示します。子どもが園で過ごす間は、保育者として、最大限よいかかわり方をします。子どものできていないことはスルーし、少しでもできていることに注目してほめるようにします。

step3　保育者として、保護者に寄り添うアドバイスをする

「面ファスナーがはがれにくいので、そこだけ手伝ってあげてください」のように、サポートするべきポイントを伝えます。保護者がいらだつきっかけをなくすことで、叱る回数を減らしていきましょう。その子にはまだ難しいことを保護者が求めているような場合は、「年少さんなら、みんな靴を履くのに時間

がかかりますよ」など、保護者が安心できる説明をします。保護者が感情的になっているときは、あえて穏やかに接しましょう。叱りすぎはよいことではありませんが、保護者の気持ちを理解することも必要です。相手をねぎらい、共感を示す姿勢は、保護者にとって「激しい感情の静め方」のヒントにもなるはずです。

子どもとこれから先、一緒に生きていくのは保護者

日常的にたくさんの子どもと接している保育者は、成長や発達に関しても現場で学んだ「目安」や「経験値」を持っています。さらに保育のプロとしての知識もあるため、発達の偏りなどに早い段階で気づくことができます。それに対して保護者の場合、身近に接するのは自分の子どもだけということも。子どもが困りごとを抱えていることに気づかないことも珍しくありません。

子どもに発達の偏りが見られる場合、専門機関に相談することはもちろん有効です。しかし、医療や療育につなげることを急ぎすぎないでください。保育者が第一に考えたいのは、保護者と子どもの「今」をサポートすること。まずは子どもに必要なことや子どものためにできることを保護者と一緒に考え、実行していきましょう。まずは「子どもの成長」という共通の目的に向けて、保

護者と一緒に子どもを見守る「同志」の目線を大切にしてください。

保育者を信頼して気がかりなことを相談し、改善や解決につなげることができた……。こうした経験を重ねた保護者は、必要に応じて周囲に助けを求められるようになります。そして、その先に医療や療育といった選択肢も出てくるのです。

子どものことを一番わかりたいと思っているのも、これから先、一緒に生きていくのも保護者です。保育者として相談やアドバイスをする際も、保護者の考えを尊重するのが基本です。「子どものためだから」などと焦って園の意見を押しつけるのではなく、信頼できるサポーターとして子育てに協力しながら、ときには時間をかけて保護者自身の気づきを待つことも大切です。

保護者支援の考え方

保護者支援基本の3ステップ

step1

保護者の態度や行動の理由を考える

↓

step2

保護者とよりよい関係をつくる

↓

step3

保育者として、保護者に寄り添うアドバイスをする

保育者のための保護者支援3原則

1 「親を変えよう」と気負いすぎない

大人は簡単に変えられない。保育者にできるのは、
子どもに対して、よいかかわり方をすること。

2 保護者支援はチームで行う

ひとりの保護者を複数の保育者で支える体制づくりを。
保育者同士が支え合いながら、保護者を支援する。

3 「子どもの成長」という共通目標を見失わない

保護者と保育者は、「子どもの成長」を願う仲間。
保育者が子どもを思う気持ちを、保護者に発信し続ける。

保護者に寄り添う言葉かけ

保育者は子どもの特性に合った接し方をすることの大切さを知っているため、「子どものために」という気持ちから保護者にアドバイスしたくなることもあると思います。しかし、「急ぎすぎ」は禁物。アドバイスの前に「寄り添う」言葉が必要です。3つの場面ごとに声かけの例を紹介します。

場面1　保育室に入れない

登園しても、保育室に入るのを嫌がって大声で泣いたり暴れたりします。保護者が言い聞かせても効果がありません。

〈安心させる言葉〉

「みんな、最初はこうですよ」

「少しずつ慣れていける子が多いんですよ」

「特別なことではない」と一般化し、「慣れていく子が多い」と見通しを伝えることで、保護者の気持ちを落ち着かせます。

〈行動の理由に目を向けさせる言葉〉

「急に環境が変わって、不安なのだと思います」

保護者は、子どもの行動に振り回されがちです。保育のプロとして子どもの気持ちを想像し、言葉にすることで、保護者に「行動の理由」を伝えます。

場面2　同じ質問をして答えてもらいたがる

子どもが1日に何度も同じ質問をして、同じ答えを求めます。保護者は、子どもが構ってほしくて同じ質問をくり返すのだと考えています。忙しいとき保護者はうんざりしてしまうこともあるようです。

〈保護者の考えに同意する言葉〉

「○○ちゃんの様子をよく見ていますね」

「おっしゃるとおりだと思います」

保護者の意見に同意します。「受け入れられた」という安心感が、アドバイスを受け入れる気持ちのゆとりを生み出します。

〈プロの視点からのアドバイスの言葉〉

「同じやりとりによって、安心感を得ている面もあると思います」

「同じ答えを言ってあげてください」

こだわりがある子の場合、同じように答えてもらうことで安心している場合があります。保護者が気づいていないことを指摘してアドバイスにつなげます。

場面３　物に当たる

　保護者がお迎えに来たとき、子どもが遊びをやめて帰るのを嫌がりました。保護者が叱ると、遊んでいたおもちゃを投げつけました。

〈保護者に共感を示す言葉〉

「言うことを聞いてくれないと、叱りたくなりますよね」

　保護者は、子どものよくない行動を「自分のせい」と責められているように感じることもあるので、まずは共感を示します。

〈行動の裏にある気持ちを伝える言葉〉

「○○くんは、物を投げずにいられないほど、もどかしいんだと思います」

「よくない行動」は認められないけれど、行動の原因となる気持ちは受け入れます。子どもの行動を止め、「人に向かっておもちゃは投げません」などと伝えたうえで、「なぜそうしたのか」を考え、保護者に伝えます。

保護者の気持ちは揺れ動いている

子どもの発達に偏りがあるかもしれない、と感じるのは、保護者にとって不安なことです。同時に、「偏りがある・ない」と簡単に線引きできる問題ではないだけに、「成長すれば自然に変わるのかも？」という期待もあります。保護者の気持ちは、不安と期待の間で常に揺れ動いています。

大切なのは、保護者の気持ちを安定させることです。まずは保育者が子どもを受け入れ、丁寧にかかわります。同時に保護者の不安やつらさに共感し、日ごろのがんばりをねぎらいます。こうした積み重ねによって信頼関係を築くことができれば、保護者がアドバイスに耳を傾け、支援を受け入れられるようになっていくでしょう。

左のページのチェックポイントで、自身のかかわり方をときどき振り返ってみましょう。

保護者と丁寧にかかわっている？
4つのチェックポイント

チェックポイント1

保護者の揺れ動く気持ちを理解している？

発達の偏りがあることを受け入れる過程では、「進んだり戻ったり」するのが普通。「もうわかっているはずだから」などと決めつけず、常に保護者への配慮を忘れないようにします。

チェックポイント2

子どものためだからと支援を急ぎすぎていない？

子どもときちんと向き合うためには保護者自身が納得することが重要。過剰なアドバイスなどは控え、子どもへの支援を続けながら保護者の気持ちが安定するのを待ちましょう。

チェックポイント3

保護者に対しても「よいかかわり方」をしている？

子どもへのかかわり方の基本は、「できていないことはスルーし、できていることを認める」。保護者にも同様のよいかかわり方をすることで、受け入れられる感覚を体感してもらいます。

チェックポイント4

不安やつらさを受け入れ保護者に寄り添っている？

保護者は自分を責めたり、子育てに関して自信をなくしたりしていることが多いものです。保護者の意見は否定せずに受け入れて共感を示し、「一緒に子どもにかかわる」姿勢を見せましょう。

保育者へのエール

負の感情の中に保護者とつながるヒントがある

先生方にとって「気になる子ども」以上に「気になる保護者」を支えるのは大変だろうと思います。私自身も保護者支援は難しいと思うことが多いです。「あの保護者とかかわるのはしんどい」「何でわかってくれないんだろう」などの思いがあるとき、自分自身が未熟であるとか、スキル不足であるとか自分を責めてしまうこともあるのではないでしょうか。もちろん、そういった思いに真摯に向き合うことも必要ですが、まずはつらい自分の気持ちをそのまま受けとめることが大事だと思います。保護者に対して負の感情を抱くというのは悪いことではなく、先生方がそういう気持ちになるのには何か必ず理由があるはずです。

難しいと思える局面ほど、そこには相手とつながるヒントが隠れている場合があります。

とはいえ、やはりそういった保護者を支えるのは非常に大変で心が折れそうになるため、ひとりで抱え込まないようにしてほしいと思います。だれかを支えるためには、自分自身もだれかに支えられる必要があります。そして、先生方が保護者を支え、その経験が次は保護者が子どもを支える力につながっていきます。

第4章

保育者から寄せられた相談へのアドバイス

個別のケースと相談シート

第4章の100～157ページは、気になる子どもへの支援について、保育者からの相談に答える形で構成しています。それぞれの「保育者からの相談」は、左ページの「相談シート」に示した項目に沿って作成されています。相談シートは保育者のみなさんが巡回相談（※1）の準備として、相談員に伝えたいことを整理しておくときにも役立ちます。

巡回相談員は、「気になる子」「困りごとを抱えた子」の様子を実際に観察することも含めて情報収集したうえで（※2）、背景を理解し、子どものアセスメント（客観的に評価すること）をします。そしてかかわり方の提案をしたり、クラス運営のヒントを伝えたりします。相談への回答も、同じ流れを踏襲しました。

※1 保育園、幼稚園、認定こども園などの保育施設に専門知識を持つ相談員が出向き、保育者へのアドバイスを行うしくみのこと。

※2 保育者が詳しいレポートを作成し、それをもとにアドバイスをするケースもあり、自治体や個別のケースによって、対応は異なります。

相談シート

相談員に伝えたい内容を、下記の項目を参考にしながら事前に整理しておくと役立ちます。

1.　相談内容		
2.　一番困っていること		
3.　家族の情報（年齢、職業、簡単な人物像など）		
4. 園での様子	①生活面（食事、着替え、排泄など）	
	②健康・運動面(持病の有無、運動発達、手先の動きなど)	
	③言語面(言葉の発達、コミュニケーションなど)	
	④行動面（注意の持続、多動・衝動性、こだわりなど）	
	⑤社会性（友達・保育者への興味、かかわり方など）	
	⑥感覚面（感覚の過敏さ・鈍感さなど）	
	⑦困っていることに関する園での具体的なエピソード	
5.　園で行っている支援（うまくいっていること、うまくいっていないこと）		
6.　保育者が気づいたこと		
7.　相談機関（療育など）を利用しているか		

ほかの子と遊ぼうとしない3歳児への支援

いつもひとりで遊んでばかりで気になる子。
言葉はしゃべれるのに、
まわりの子どもとうまくコミュニケーションが
できません。

保育者からの相談

1. 相談内容

新入園児のＡくん（３歳・男の子）はいつも電車のおもちゃでひとり遊びをしており、保育者が誘っても友達と遊ぼうとしない。友達とかかわろうとしないＡくんを、遊びにどう誘えばいいか。

2. 一番困っていること

Ａくんが好きな遊びに友達が加わろうとすると怒り、手が出てしまうこともある。

3. 家族の情報（年齢、職業、簡単な人物像など）

両親（30代前半）とＡくんの３人家族。家では、Ａくんに関して特に気になることはないそうだ。

4. 園での様子

①生活面（食事、着替え、排泄など）

・初めての食べものを嫌がるため、お弁当のおかずは毎日ほぼ同じ。
・トイレで排泄できるが、園ではうんちができず、がまんしてしまう。

②健康・運動面（持病の有無、運動発達、手先の動きなど）
・動きがぎこちなく、転びやすい。
・背筋を伸ばした姿勢を保つのが苦手で、いすにすわっていてもぐんにゃりしてしまう。

③言語面（言葉の発達、コミュニケーションなど）
・言葉の理解に問題はないが、自分の気持ちや要求をうまく伝えられない。
・話を聞くのが苦手で、一方的に話す。
・「貸して」「やめて」といった「やりとり言葉」が出ない。

④行動面（注意の持続、多動・衝動性、こだわりなど）
・電車のおもちゃを手で走らせる遊びを長時間続けている。
・自分の遊びにほかの子が入ってくるのを嫌がる。
・不安になると、そわそわして落ち着かない。

⑤社会性（友達・保育者への興味、かかわり方など）
いつもひとり遊びをしており、友達には興味を示さない。

⑥感覚面（感覚の過敏さ・鈍感さなど）
・帽子をかぶるのを嫌がる。
・絵の具やのりなど、べたつくものをさわりたがらない。
・自由時間になると耳をふさいでいることがある。

⑦困っていることに関する園での具体的なエピソード
・電車のおもちゃを使おうとした友達をたたいてしまった。
・おやつのとき、いつもと違う席にすわるのを嫌がり、泣いてしまった。

5．園で行っている支援（うまくいっていること、うまくいっていないこと）
・怒ってしまったときは、別室に誘って落ち着かせるようにしている。
・「片づけて」ではなく、「はさみはこの引き出しに入れてね」のように、することを具体的に説明するようにしている。
・友達と一緒に遊ぼうと何度か誘っているが、仲間に入らない。「どうして嫌なの？」と聞いても理由を言わない。

6．保育者が気づいたこと

・自分が興味を持ったことには集中する。

・約束したことはまじめに守る。

7．相談機関（療育など）を利用しているか

していない。

解説

保育者や保護者は「友達と遊べるようになってほしい」と考えがちです。しかしAくんは、友達と遊びたいわけではないのかもしれません。今のAくんに必要なのは無理に友達とのかかわりを促すことではなく、まずは保育者と「1対1」の信頼関係をつくることです。特定の保育者との信頼関係を深め、「困ったときに助けを求められる」関係性を目指します。他人とかかわる準備ができていない時期に友達と遊ばせようとすることは逆効果になりかねません。

刺激に敏感なAくんを、興奮したとき別室へ移しているのはよい方法です。

落ち着くまで保育者が付き添って静かに過ごします。トラブルがあった場合でも、ここで叱らないようにしましょう。クールダウンするための場所を「嫌なところ」にしないためです。

♥背景の理解＆気持ちの推測

感覚の過敏さ

帽子をかぶりたがたらない、べたつくものを嫌がるなどの点から、感覚の過敏さがあると推測されます。体にさわられることや大きい声を出されることを不快に思う可能性があります。

興味の対象が限られている

いつも電車を使ってひとり遊びをしていることなどから、特定のものへの興味が強いこと、「人」より「もの」に興味があることなどを理解します。

予測できないことが起こるのが苦手

自分なりのやり方で同じ遊びをしたがったり、いつもと違う席にすわるのを嫌がったりするのは、予測できないことが起こるのが苦手な子どもに多く見られる特徴です。保育者に比べて友達の行動は予測が難しいため、友達の近くにいるのが不安です。

かかわり方の提案

生活面の予定はイラスト入りで「見える化」

行動予定は、言葉より「見てわかる」形にしたほうが伝わります。下記のような行動予定を書いたイラスト入りのカードを利用して、「次はお昼寝だよ」などと予定を説明しましょう。

「信頼できる人」との1対1の関係づくり

友達とかかわれるようになるのは、1対1の関係がしっかりできてから。関係づくりには年単位で時間がかかることもあるので、じっくり取り組みましょう。ひとり遊びをするAくんの近くで、Aくんのまねをしながら同じ遊びをして、「邪魔はしないけれど、自分を見ていてくれる人」「自分にとって無害な人」という存在になれれば成功です。遊びの中で、Aくんが困って助けを求めてきたときはすぐに応えます。こうした小さな「よい経験」を積み重ね

ることで、保育者への信頼が深まり、他人への興味にもつながっていきます。保育者と1対1の遊びを安心して楽しめるようになったら、Aくんの得意な遊びに友達を誘ってみましょう。大切なのは、友達とかかわることを「楽しい経験」にすることです。無理強いしてはいけません。

気持ちを推測した言葉かけ

気持ちを言葉にするのが苦手なので、「どうして？」「どう思う？」という質問は避けます。「これを使いたかったのかな」「くやしかったんだよね」のように、Aくんの気持ちを推測し、代弁する言葉かけを心がけます。

たとえばAくんがBくんをたたいてしまったときはまず共感して、Aくんの思いを言葉にします。「たたきません」と伝えるのはそのあと。Bくんには「Aくんがどう思ったか」をわかりやすく伝え、クラスの中でのAくんへの理解を広げていきます。

Aくんへ

おもちゃを
取られちゃって
嫌だったんだよね。
でも、
お友達は
たたきません。

Bくんへ

たたかれて、
嫌だったね。
使っている
おもちゃを
取られると、
Aくんは
嫌なんだって。

集団活動中、外に出ていってしまう5歳児への支援

集まりの時間などにじっとすわっていることができず、
保育室から出ていってしまいます。
連れ戻そうとすると、笑いながら逃げていきます。

保育者からの相談

1．相談内容

Ｂくん（5歳・男の子）はじっとしていることが苦手で、集団活動中に席を立って歩き回ったり、外に出ていってしまったりする。室外に出たときは保育者が連れ戻し、「すわっていようね」と伝えているが、同じ行動をくり返す。

2．一番困っていること

Ｂくんが席を立ったり外に出ていったりするため、集団活動をスムーズに進められない。

3．家族の情報（年齢、職業、簡単な人物像など）

両親（40代前半）とＢくん、妹の４人家族。家では、言うことをきかないＢくんを叱ることが多い。

4．園での様子

①生活面（食事、着替え、排泄など）

・気が散りやすく、食事や着替えが進みにくい。
・忘れもの、ものをなくすことが多い。

②健康・運動面（持病の有無、運動発達、手先の動きなど）
・手先が不器用で、道具を使う遊びが苦手。
・走り回ったり、重いものを押したりする遊びが好き。
・ぶつかったり転んだりするため、小さなケガが多い。

③言語面（言葉の発達、コミュニケーションなど）
・言葉の遅れは見られない。
・相手の話を最後まで聞かずに、話し始めることがある。
・話が飛ぶことが多い。

④行動面（注意の持続、多動・衝動性、こだわりなど）
・じっとしているのが苦手で、そわそわしていることが多い。
・思いが通らないと、手が出てしまうことがある。
・順番を待つことが苦手。

⑤社会性（友達・保育者への興味、かかわり方など）
・思いやりがあり、友達へのやさしい声かけができる。
・好奇心が旺盛。
・注意されると、反抗的な態度をとることがある。

⑥感覚面（感覚の過敏さ・鈍感さなど）
・力のコントロールが苦手で、人を強くたたいてしまうことがある。
・走る、力を入れて押すなど、強い刺激を好む。

⑦困っていることに関する園での具体的なエピソード
・あまり体を動かさない活動だと、途中で外に出てしまうことがよくある。
・保育室に連れ戻そうとすると、楽しそうに逃げる。

5．園で行っている支援（うまくいっていること、うまくいっていないこと）
・集団活動の際は、保育者の近くにすわるようにする。
・外に出てしまったときはすぐに追いかけて注意し、保育室に連れ戻しているが、注意を理解していないようだ。

6. 保育者が気づいたこと

・ほめられたことは、がんばれる。

・注意されたあとは、落ち込んでいる様子が見られる。

7. 相談機関（療育など）を利用しているか

していない。

解説

「集団活動中に保育室から出ていってしまう」といった行動は、静かにじっとしているのが苦手だったり、思いついたことをパッと行動に移したりしがちな子に多く見られます。クラスをまとめなければならない保育者にとっては、「困った子」に見えてしまうことも少なくないでしょう。しかし、こうした行動のほとんどは、単に衝動的なものなのです。

体質的に衝動のコントロールが苦手だったり刺激を好んだりする子は、家庭でも園でも「叱られる経験」を多くしてしまいがちです。悪気があってしたわけではないのに、「〜をしてはダメ」などと言われてばかりです。ほめられる経験が少ないために自信が持てなくなったり、反抗心が芽生えたりすることもあります。

　よい面に注目されず、叱られてばかりだと、よくない行動で注目を集めようとしてしまうことも少なくありません。こうした悪循環が、まわりを困らせるような行動につながるケースもあるのです。

　園で心がけたいのは、「よい面に注目してほめること」。たとえば、「立ち上がって出ていく」ことではなく、その前のよい行動に目を向けてみてください。短時間でも静かにすわっていられたのなら、そのときに「すわっていられてえらいね」とほめるようにしてみましょう。

　よい面を認められると、子どもは達成感を覚えて自信を深め、「またほめられたい」と思います。同時に、自分をきちんと認めてくれる大人への信頼も深まるため、よりよい関係を築いていくことができるのです。相談者の方も、Bくんが「ほめたことは、がんばれる」と書いています。また、思いやりがあり、友達にやさしい言葉をかけられることにも気づいています。

「よい面はちゃんと認めてもらえる」という信頼関係ができれば、「気を引くため」の行動は減っていくものです。この段階になれば、好ましくないことには注目せずにスルーすることで、子どもの行動が変わっていくことも期待できます。

♥背景の理解＆気持ちの推測

刺激を好む

体を使う遊びが好きなことや、じっとしているのが苦手なことなど、強い刺激を好む傾向が見られます。静かにすわっていることが求められる活動は、Bくんにとっては刺激不足に感じられるはずです。

衝動のコントロールが苦手

静かにする、じっとしているなどの行動には、たいへんな努力が必要です。「〜したい」と思うと、つい結果を考えずに行動してしまいます。好ましくないと思われる行動は、おもに思いついたままに動いてしまう特性によるもので、反抗したり、困らせようとしたりしているわけではありません。

よい面に注目される機会が少ない

自分なりにがんばってしていることを、だれもほめてくれません。また、悪気なくやってしまったことで注意されたり、嫌がられたりします。

注意されたあとに落ち込むのは、自分に自信がないためです。これまで「よくない面」にばかり注目され、注意されることが多かったのでは、と考えられます。

かかわり方の提案

「今できていること」に注目してほめる

短い時間でも静かにしていられた、じっとすわっていられた、相手の話を最後まで聞けたなど、Ｂくんが「今できていること」を見つけてほめます。よく見ていると、必ずできていることがあります。「ほかの子ができているから、Ｂくんにもできて当たり前」と考えないでください。

ほめるときは注意を引いて具体的に

ほめるときは、近くに行って目を合わせる、名前を呼ぶなどして注意を引きます。そのうえで、「静かにお話を聞けてえらいね」のように具体的にほめます。「自分が」「何について」ほめられているのか、本人に伝わることが大切です。

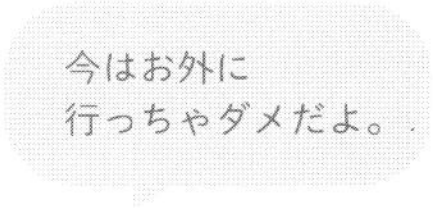
今はお外に
行っちゃダメだよ。

「よくない行動を注意される」を
「よい行動をほめられる」に変えていく。

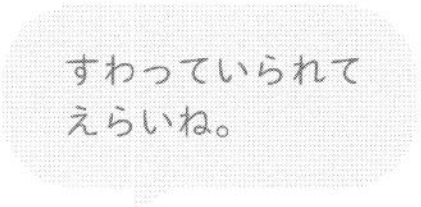
すわっていられて
えらいね。

よくない行動をしてからではなく、
「する前」に注目を！

指示は短く、具体的に

長い話を聞いたり、言葉の意味をじっくり考えたりすることが得意ではないので、「してほしいこと」は具体的に、短い言葉で伝えるようにします。

「よくない行動」には注目しない

外に出てしまったBくんを連れ戻すとき、大声を出したり慌てて追いかけたりすると「注目されてうれしい」と感じてしまいます。少し間をおいて、自分で戻ってきたら戻ってきたときに「保育室に戻ってきてくれてありがとう。これで一緒に〇〇できるね」などとほめましょう。待っていても戻ってこない場合は静かに迎えに行きます。保育室に戻す際は目を合わせず（注目せず）淡々と対応します。

×

ちゃんとやろうね。

「ちゃんと」の意味は場面によって変わるので、伝わりにくい。

×

外に出ないでね。

否定的な表現は避け、「どうすればいいのか」を伝える。

〇

この部屋で、みんなで歌ってね。

外に出ていきにくい環境をつくる

集団活動中はほかに保育者がいれば出入り口の近くで待機してもらう、静かな子たちに囲まれたところにBくんをすわらせるなど、外に出ていきづらい環境にします。

図を使って音量の調節を伝える

まわりには「大声で騒ぐ」ように見えても、本人には大声を出している自覚がないこともあります。「大きな声を出しちゃダメ」「小さい声で話そうね」という言い方では伝わりにくいので工夫が必要です。大声を出したことを注意するのではなく、たとえば下記のようなイラストを使って「今のはゾウさんの声だったよ。スズメさんの声で話そうね」などのように、「どのぐらいの音量ならよいか」を伝える方法を工夫します。

「小さい」の感覚は人それぞれなので、改善につながりにくい。

×　小さい声で話そうね。

○　今はイヌさんの声でお話をしようね。

知的レベルが高い自閉スペクトラム症の3歳児への支援

通所している療育の指導員とは
ルールを守って遊べているのに
保育園ではルールを守ってくれないので、
友達と上手に遊ぶことができません。

保育者からの相談

1．相談内容

自閉スペクトラム症と診断されているCちゃん（3歳・女の子）。知的レベルが高く、その分対応に難しさを感じている。「どこまでだったら許してくれるか」保育者を試す行動がある。

2．一番困っていること

ほかの子どもとルールを守って遊ぶことができない。通所している療育の指導員とは上手に遊べている様子を見て、保育者の力不足を感じている。

3．家族の情報（年齢、職業、簡単な人物像など）

両親（30代半ば）とCちゃんの3人家族。両親は管理職。在宅ワークが多く、仕事は多忙。

4．園での様子

①生活面（食事、着替え、排泄など）

・偏食で最近まで白いものしか食べなかった。配膳前に並んでいる給食を見て食べたくないものであったときにパニックになる。自宅ではいまだに白いものしか食べない。
・オムツはまだ取れない。

②健康・運動面（持病の有無、運動発達、手先の動きなど）
登ったり飛び降りたりすることが好きだが、ボールなど道具を使う遊びには関心が薄い。

③言語面（言葉の発達、コミュニケーションなど）
・動画で覚えた英語が会話に交ざる。
・日本語には独特のイントネーションがある。
・数字に興味がある。

④行動面（注意の持続、多動・衝動性、こだわりなど）
・いろいろな遊びを楽しむ。移動するときにおもちゃを片づけることはしない。
・視界に入ると、さわってはいけないものでも遊んでしまう。

・保育者が約束ごとや説明を話しているとき、保育者のほうを見ていないことが多いが、聞いた説明はおおよそ理解できている。

⑤社会性（友達・保育者への興味、かかわり方など）
・集団でのゲーム遊びが難しい。友達との追いかけっこは、Cちゃんが「やめて」と言っても鬼が追いかけてくることを怖がる。
・何かを制止されて気に入らないと、大声で「助けて、痛い！」と叫ぶ。
・保育者（大人）と遊ぶことが好きだが、友達への関心が薄い。1歳児クラスから入園しているが、クラスの子どもの名前を覚えていない。

⑥感覚面（感覚の過敏さ・鈍感さなど）
・飛び降り、その場に倒れ込むなどの浮遊感を楽しむ。
・危険な場所であっても平気。転倒してもあまり痛がらない。

⑦困っていることに関する園での具体的なエピソード
療育施設では驚くほど療育指導員の話を聞き、ルールを理解して取り組んでいた。保育園は現状の人数配置も保育室の環境も本児の困っている部分をフォ

ローしきれておらず、力不足を感じる。

5．園で行っている支援（うまくいっていること、うまくいっていないこと）

・配膳する際に「ニンジンがんばろうね、何個にする？」など一つひとつ確認している。

・数字や歌が得意なので「その場にいなければいけないとき」など、「10がんばる？　30にする？」「歌を歌う間は、ここにいようね」と、本児が見通しを持ちやすい手段を模索している。

6．保育者が気づいたこと

母親は、子育ては「エラーを正す」ものだと考えている。保育者が「よいところを伸ばしていきたい」と話すと驚いていた。

7．相談機関（療育など）を利用しているか

療育や医師面談、受けられる市の援助を利用している。

解説

自閉スペクトラム症の特性のひとつに見通しを立てるのが苦手なことが挙げられます。「いつまで」がわからないことが不安をかき立てます。その場にいなければならないときなどに、「歌を歌う間は、ここにいようね」「10がんばる？30にする？」など、本人が興味のあること、得意なことを生かして伝えているのはとてもよいやり方です。

「Cちゃんのよくない行動を正す」という意識が強かった保護者に対し、保育者は「よいところを伸ばす」かかわり方を心がけ、保護者にもそのことを伝えています。幼児期は、自尊心を育む時期です。よい面を見てかかわることで、子どもは「大切にされている」と感じます。こうした気持ちは自分自身を信じる気持ちにもつながり、すべての発達の土台になります。

Cちゃんの偏食はわがままではなく、感覚が過敏なためと考えられます。食事の時間が嫌いにならないような配慮は大切です。この園では食べられるようになってきたものは、配膳の際に「ニンジンは何個にする？」などと確認しています。このように選択肢を与えるのもよい方法です。

療育でできたことが園でできないことを相談者は気にしていますが、療育と保育では、環境も子どもとのかかわり方も違います。同じようにできるわけではありません。スポーツにたとえるなら療育は「筋トレ」、保育は「試合」のようなもの。同年代の子どもと一緒に過ごす集団生活は子どもにとっては応用編といえます。たとえ筋力があっても、作戦を立てたり相手を見て反応したりすることができなければ、試合では通用しません。自分の持つ力を生かすためには、場面に合わせて応用できるワザも必要なのです。療育でできることが園ではできないのは、子どもが応用力を身につけている途中だからです。保育者の力不足のせいとは限りません。また、相手や場所が変わると同じようにするのが難しい、という自閉スペクトラム症の子どもの特徴も関係していると思います。

背景の理解＆気持ちの推測

記憶が「場所」とつながりやすい

自閉スペクトラム症の特性として、同じ遊び・同じ遊具でも、場所が変わると別の遊び・遊具のように感じられる場合があります。

想定外のことが苦手

同世代の子どもとの集団生活の場では、予測不能なことが多いので、大人と遊ぶほうが安心できます。

誤学習（※）していることがあるかも

「助けて」「痛い」などの言葉には周囲が大きく反応するので、その反応を引き出すために使っている可能性があります。

かかわり方の提案

感情を丁寧に受けとめる

自閉スペクトラム症の子どもにとって、園での集団生活には苦手なことが多いはずです。そのことを理解し、ネガティブな気持ちも否定せずに受けとめます。そのうえで、どうすればよいかアドバイスしたり、「〇〇ちゃんは～とい

※不適切な言動によって要求を通した経験が成功体験となり、習慣化すること。

うつもりだったんだよ」のように他人の気持ちを説明したりしましょう。追いかけっこで、「やめて」と言っても友達が追いかけてくるのをCちゃんが怖がるときは、Cちゃんの気持ちを読み取り、「びっくりしちゃったね」などと言葉にして伝えることで共感を示します。その後、「○○くんは追いかけっこをしていたんだよ」「○○くんは、Cちゃんが嫌いなんじゃないよ」のように、相手が追いかけてくる理由などをわかりやすい言葉で説明します。

「ためし行動」は一貫してスルー

自動販売機から商品が出てこないと思わずボタンを何度も押すように、普段どおりの反応がないと、人はより強い行動に出ます。しかし、それでも何も起きなければ、やらなくなるのが普通です。同様に、子どもの「ためし行動」も、まわりが反応しないとわかると収まっていくものです。ひとりでも注目する人がいると効果が薄れるので、園全体で同じかかわり方を心がけます。これまで反応していた場合、急に態度を変えると子どもが戸惑うこともあります。注目するのをやめる前に、「小さな声でお話ができたら、また聞くね」などと線引きを伝えておいてもよいでしょう。

インパクトの強い言葉には穏やかに対処

やりたいことを制止されると、「助けて」「痛い」などと叫ぶのは、「インパクトがある言葉を使う→反応が大きい」と学び、注意を引く手段にしている可能性があるので、その言葉には反応しないようにします。適切な言葉で助けを求められたときは、すぐに反応してほめましょう。

目で見てわかるように示す

自閉スペクトラム症の子どもの場合、聴覚より視覚からの情報が入りやすい傾向があるので、「見てわかる」サポート法を工夫しましょう。療育でできていることなら、園でも同じ形で取り入れると有効なこともあります。たとえば「入ってはいけない場所」を、療育の部屋では赤い四角囲みで表示しているなら、園でも同じように赤い四角で囲んでおくとよいでしょう。

自傷・他害が激しい2歳児への支援

自分の頭髪を抜いたり床に頭を打ちつけたりするなど、
自傷行為に手を焼いています。
抱っこする保育者を、血が出るほど引っかくことも……。

保育者からの相談

1. 相談内容

Ｄくん（2歳1か月・男の子）は自分の頭をかきむしったり床に打ちつけたりする。保育者や友達を引っかいたり、つかみかかったりする。午睡の際に眠くなると泣き騒ぎ、寝つくのに時間がかかる。

2. 一番困っていること

特に睡眠の前にひどくなる自傷・他害行為。

3. 家族の情報（年齢、職業、簡単な人物像など）

両親（30代前半）とＤくんの3人家族。両親ともに多忙で、朝は開園時刻から延長保育まで、毎日長い時間預かっている。

4. 園での様子

①生活面（食事、着替え、排泄など）

・食事面でのこだわりは強く、白いものしか食べない。

・寝つくのに時間がかかる。寝起きはそれほど悪くない。
・登園時間が早いこともあり、一度寝つくと3時間近く眠り、起こすまで寝ていることもある。

②健康・運動面（持病の有無、運動発達、手先の動きなど）
・活発に体を動かす。力が年齢に比べて強い。
・転倒が多い。
・肌が荒れやすく、定期的に軟こうを塗布している。

③言語面（言葉の発達、コミュニケーションなど）
・言葉の発達は遅い。喃語《なんご》は出るが、単語が出ない。
・保育者が読む絵本は興味を持ち、話を聞く。

④行動面（注意の持続、多動・衝動性、こだわりなど）
常に動き回っている。大声を出す。特にテンションが上がったときに頭を床に打ちつけたり、耳をかきむしったり、自分の髪の毛を抜いたりする。どういうきっかけで自傷・他害が始まるのかわからないことも多い。

⑤社会性（友達・保育者への興味、かかわり方など）
・友達の顔をじっと見て笑いかける。その際手が出てしまう。
・動いている友達に笑顔でつかみかかる。

⑥感覚面（感覚の過敏さ・鈍感さなど）
・なんでも口に入れてしまう。
・衣服（肌ざわりなど）へのこだわりは感じない。

⑦困っていることに関する園での具体的なエピソード
・担任保育士が抱っこをしているときに、担任保育士の耳を引っかくが、力が強いので耳から血が出てしまったことが何度もある。また、担任保育士の髪の毛を引っぱったり、口に入れたりもする。
・眠気があるにもかかわらず寝つくまでには時間がかかり、その間泣き叫び、自分の体や担任保育士の体を引っかく。さらに自分や担任保育士の頭髪を抜く。ＳＩＤＳ（※）対策として最近は午睡時の部屋を暗くせず、顔がはっきり見える明るさにしているため、自宅で眠るときよりも明るく、騒音もある。

※乳児突然死症候群。

寝つきを一層難しいものにしているのかもしれないと感じている。

5. 園で行っている支援（うまくいっていること、うまくいっていないこと）

エネルギーを発散できるようにダンボールの車や階段などを保育者が用意し、本児は好んで遊んでいる。しかし自傷行動や他害行動の頻度には今のところ変化はない。

6. 保育者が気づいたこと

保育士になって2年目の保育者、1年目の保育者の3人で担任をしている。日々を過ごすことに精いっぱいで、気づくべきことに気づけていないかもしれない。

7. 相談機関（療育など）を利用しているか

利用を検討している。母親は仕事を辞めて保育園を退園することも視野に入れている。

解説

子どもが自分や他人を傷つけたり騒いだりする行動は、保育者にとって大きなストレスだと思います。疲れているときなど、「わざと困らせようとしている」などと感じることもあるかもしれません。しかし、特に低年齢の子どもの場合、本人に悪意はないことを忘れずに！

喃語《なんご》は出るけれど言葉にならず、叫ぶことが多いというDくん。自分の気持ちを言葉にして伝えられないことにもどかしさを感じているはずです。叫んだり、周囲の人を引っかいたりする行動で、そのもどかしさを表現している可能性があります。Dくんの気持ちを想像し、「びっくりしたね」「嫌だったね」「楽しかったね」「見てほしかったね」などと代弁していくかかわりを、根気よく続けていく必要があります。

Dくんのテンションが上がって自傷行為に及んだときなど、気持ちが不安定になっているときに担当の保育者と1対1で過ごして気持ちを受けとめてもらう経験は、子どもが感情調整の力を育むのを助けます。保育者との間に「一緒にいると安心する関係」ができていることがとても重要です。

Dくんには感覚の過敏さがある反面、鈍感さもありそうです。体を大きく使って楽しめる遊びは、感覚を整えるのに有効です。体の使い方や力加減を身につけるのにも役立ちます。中に入ったり引っぱったりして遊べるダンボールの車や階段などの遊具での遊びを継続していきましょう。

♥背景の理解&気持ちの推測

感覚の過敏さ・鈍感さがかかわっているかも

強い刺激を求めるような行動が多く見られることから、Dくんは特定の刺激を感じやすかったり、その反面、感じにくかったりする可能性が考えられます。

感情の揺れが攻撃的な行動のきっかけに

自分を引っかいたり友達に手を出したりするのは、「うれしい」「嫌だ」「〜したい」など、感情が大きく動いたとき。理由もなくしているわけではありません。

睡眠リズムがまだ整っていない

常に動き回っているような子どもは、寝るのが苦手な傾向があります。睡眠リズムには脳の機能が関係しているため、脳の成長とともに寝るのが上手になっていきます。

言葉で伝えられないから行動で伝えようとする

攻撃的な行動は、もどかしさの表れだと考えられます。言葉でのコミュニケーションが十分にとれないため、気持ちや要求を行動で伝えようとしているのでしょう。

かかわり方の提案

できる範囲で環境を整える

明るさや騒音は睡眠の妨げになるので、午睡にはなるべく刺激の少ない環境づくりをします。しかし園では環境を大きく変えるのは難しいので、できる範囲内で工夫をしてみましょう。

「入眠儀式」をルーティン化

寝る前には同じ声かけをし、一定の手順で着替えて布団に入るなど、流れを決めてくり返します。子どもに安心感を与え、心の準備をするのを助けます。

入眠時に「安心できる寝かせ方」を

寝るときに騒ぐのは、おそらく眠くてぼんやりした感覚が不快で、自分で刺激を与えようとしているからです。安心できる寝かせ方を探しましょう。

「暴力はダメ」としっかり伝える

悪意がなかったとしても、他人への暴力を認めてはいけません。また、自分を傷つけるのも「いけないこと」と伝えていく必要があります。

他人を傷つけたり、傷つけそうになったときには、

①子どもの手を覆うように保育者の手を重ねてそっと握り、動きを止めます。

②「痛いことはしないよ」などと、はっきり言います。かける言葉は、1種類に決めておきます。必ず本人にわかる表現で言うようにしましょう。

自傷行為には静かに対応

頭を床に打ちつけるときは、まず本人の安全を確保します（体と床の間にクッションを入れるなど）。そして気持ちを切り替えられるようにします（好きなもので遊ばせるなど）。

保育者が大きい声を出したり興奮したりすると、「構ってもらえた」と感じてしまったり、余計に興奮したりすることがあるので、淡々と対処します。無理やり押さえつけて止めるのは、逆効果の場合があるので避けましょう。

子どもの気持ちを言葉にする

感情が大きく動いたときは、攻撃的な行動に出る前に、「大丈夫だよ。遊びたかったんだね」のように、本人の気持ちを言葉にします。「わかってもらえた」と感じることで安心し、自分で感情を調整する力をつけていきます。

よい行動を見つけてほめる

好ましくない行動をしたときに叱るのではなく、普段から目を配り、穏やかに振る舞っているときなどに先回りしてほめることを心がけます。「やさしくできてえらいね」「静かに遊べてすごいね」などと声をかけます。

少し強めの刺激を与えてみる

Ｄくんのように強い刺激を好む子どもの場合、圧迫される感覚を心地よく感じることがあります。子どもによって好む感覚が異なるので、午睡のときは様子を見ながら布団を体にきつめに巻いてみる、少し強めに体をトントンたたくなど、いろいろ試して、Ｄくんにとって心地よい感覚を見つけましょう。

気持ちと表情が一致しない可能性を考える

笑顔で友達につかみかかるときも手を握って行動を止め、暴力はいけないことを伝えます（１３５～１３６ページ『「暴力はダメ」としっかり伝える』参照）。感情を表現する力が未熟だと、気持ちと表情が一致しないことがあります。行動だけを見て、「意地悪をしている」などと決めつけないようにしましょう。

力の加減が苦手でトラブルにつながりやすい3歳児への支援

3歳児健診のときの様子から、
心理士による経過観察を受けている男の子。
いろいろな場面で人をたたいたり押したりして
友達が泣いても、笑いながらたたき続けます。

保育者からの相談

1. 相談内容

Eくん（3歳・男の子）は乳児のときから入園しており、保育園生活が長い。構ってほしい、かかわりたい気持ちがあるときに言葉で言う代わりにたたいたり押したりする。

2. 一番困っていること

言葉の代わりに手が出てしまうのを減らしたい。力加減がうまくできないのでケガや事故につながりかねない。

3. 家族の情報（年齢、職業、簡単な人物像など）

両親（30代後半）とEくんの3人家族。両親ともに仕事が忙しく、交互に「ワンオペ育児」をしていることが多い。

4. 園での様子

①生活面（食事、着替え、排泄など）

・登園時間が早いため午睡時間が長く、2時間ほど熟睡する。
・身のまわりのことは自分でするより手伝ってもらいたい気持ちが強い。家庭では援助していることが多く、「園でも手伝ってあげてほしい」と保護者から要望があった。

②健康・運動面（持病の有無、運動発達、手先の動きなど）
・体が大きく活発。
・描画活動に繊細さはない。組み立てブロックでパーツを組むことはできる。

③言語面（言葉の発達、コミュニケーションなど）
・独特のイントネーションで話すので聞き取りづらさがある。
・他児との会話が可能。

④行動面（注意の持続、多動・衝動性、こだわりなど）
・ルールの説明など、集団に対し保育者が話をする場面で、集団から離れたり、周囲にいる子を押したりする。
・ゲーム遊びなどは、ルールが理解できるまで参加したがらない。

⑤社会性（友達・保育者への興味、かかわり方など）
・特定の友達とずっと一緒に遊びたがる。関係がうまくいかなかったときや思いをくんでもらえないときに他害がある。
・保育者に対しては、相手によって態度が異なる。小柄で柔和な保育者には甘えているのか思いっきりぶつかったり体を引っぱったりする。園では、どの保育者も同じ対応をするように周知している。

⑥感覚面（感覚の過敏さ・鈍感さなど）
衣服の肌ざわりに対するこだわりが強く、小さくなっても着ようとするため、着脱が難しい衣服が少なくない。

⑦困っていることに関する園での具体的なエピソード
友達が並ぶべき場所にいなかったなど、ルールを守れていないときに言葉の代わりに手が出る。嫌がる友達をしつこくたたき、その結果泣かせても、笑いながらたたき続ける。転倒している他児を笑いながら蹴ることもある。通りすがりに他児をたたく、押すなどすることも多い。

5．園で行っている支援（うまくいっていること、うまくいっていないこと）

・登園人数や活動に合わせて少人数で過ごせる環境をつくり、他害行為の被害に遭いやすい子どもと離して、保育者ともゆっくりかかわれるようにしている。

・本児が意欲的に活動している様子を保育者が言葉にして実況し、周囲に聞こえるようにほめるなど、本児が「認められている」「ほめられている」と感じられるような声かけをするようにしている。問題行動に対する声かけばかりにならないよう配慮することを、職員間で周知している。

・クラス内にほかにも配慮を要する子どもが複数いるため、保育者が常に本児のそばで見守ることは難しい。

6．保育者が気づいたこと

周囲のことはよく見ており、困っている友達をさりげなく手助けするやさしい面もある。

7．相談機関（療育など）を利用しているか

3歳児健診のときの様子から、心理士と経過観察の面談がある。今後、発達

診断を受けることになっている。現状の保育者の人数では本児に寄り添うことが難しい場面が多いため、加配を申請中。

解説

相談者の方の園では、できるだけ少人数で保育者とかかわれる環境をつくり、Ｅくんからたたかれるなどしやすい子は、別のグループに離すようにしています。Ｅくんと相性が悪かったり、反対にＥくんは一緒にいたがるけれど、結果的にたたかれたりしやすい子とは、物理的に離しておくようにするのが正解です。

Ｅくんのよいところはまわりにも聞こえるように声に出してほめるなど、本人が「認められている」と感じられる機会を増やすようにしています。好ましくない行動が目立つと叱られることが多く、傷ついて自信を失いがち。よい面を見てほめられる経験は、子どもの自尊心を育むうえでとても重要です。

Ｅくんが甘えたがってぶつかるなどするのは特定の保育者ですが、保育者同士で情報を共有し、保育者からＥくんへのかかわり方は園全体で統一していきます。保育者の対応を統一するのは、とてもよいことです。一貫した対応はＥくんの安心感にもつながり、「してはいけないこと」などが伝わりやすくなります。

♥背景の理解&気持ちの推測

発達に偏りがある可能性も

社会性の未熟さや感覚面の過敏さ、ルールへのこだわりなどから、発達に偏りがある可能性が考えられます。

感覚が過敏

衣服の肌ざわりへのこだわりから、感覚の過敏さが感じられます。過敏さから生じる不快感で、反射的に攻撃的になることもあります。「さわられるのが苦手」などの特性には配慮が必要です。

気持ちの伝え方が上手ではない

コミュニケーションスキルが未熟な場合、構ってほしい気持ちの伝え方がわからず、手が出てしまうことがあります。

ルールから外れることに不快感

決まりごとに対するこだわりが強いと、それから外れた場合にとても不安に感じます。見通しを立てるための手助けが有効かもしれません。

かかわり方の提案

力加減の調整はイラストでサポートする

力加減がわかるように、下記のようにイラスト化し、場面に応じた力の強さを伝えておきます。日常生活の中で、子どもの力の強さを「今のはリスさん」などとフィードバックしていきましょう。動物などのたとえでは理解しにくい場合は、数字を用いてわかりやすく伝えるのもひとつです。

先回りして「よい行動」をほめる

好ましくない行動をしてから叱るのではなく、穏やかに遊んでいるときなどにどんどんほめます。ほめられると「よい行動」が持続し、結果的に好ましくない行動が減っていきます。

感覚の過敏さに配慮する

苦手なことを推測し、不快な刺激を減らします。急にさわられるのが苦手なら、「Ｅくん、今から手

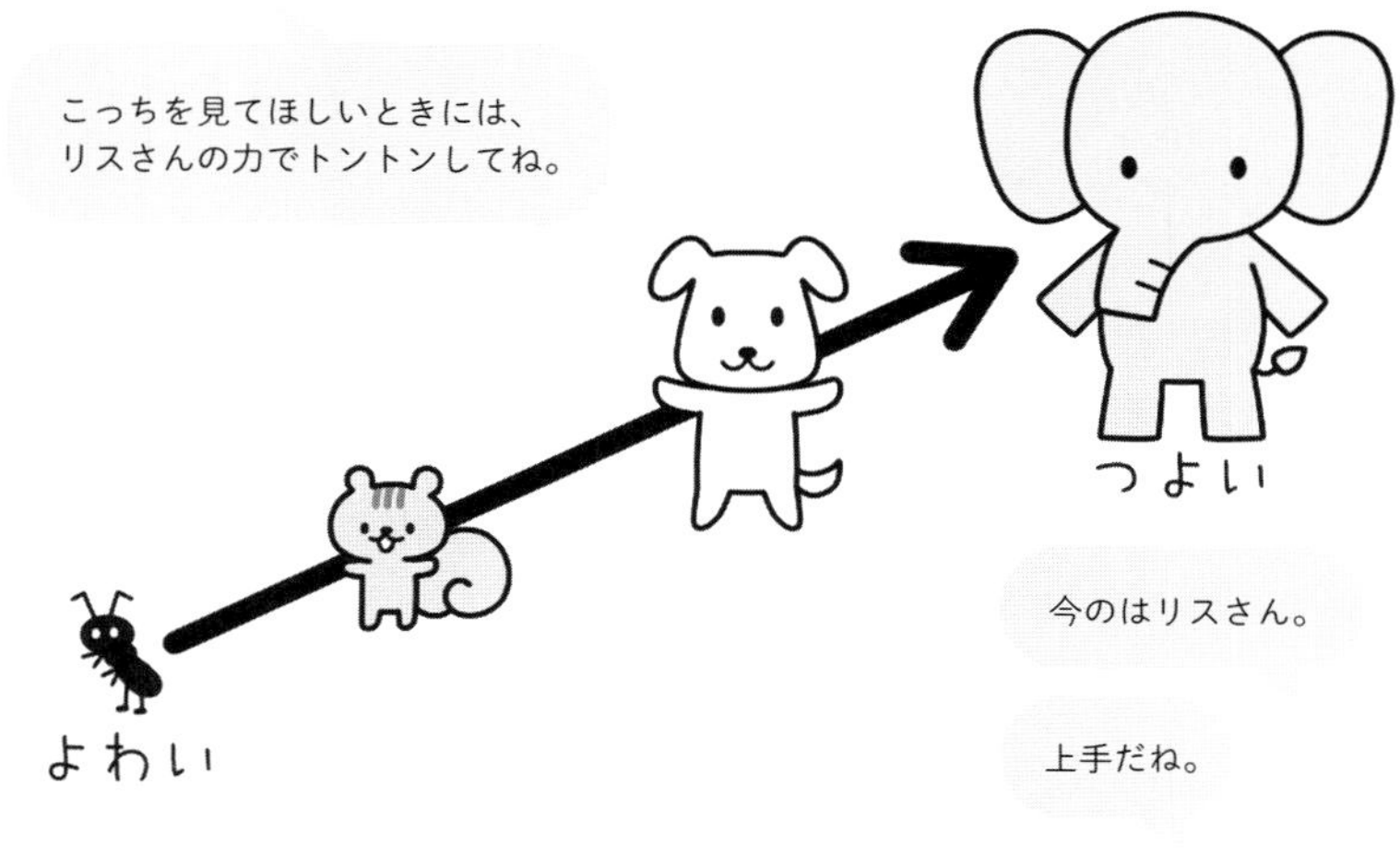
こっちを見てほしいときには、
リスさんの力でトントンしてね。
つよい
よわい
今のはリスさん。
上手だね。

をつなぐよ」と事前に声をかけるなど工夫しましょう。

気持ちを受けとめる

友達をたたくなどしたときは、「〜で嫌だったんだね」など、気持ちを推測して言葉にします。よい・悪いと判断せず、そのまま受けとめたうえで、「でも、人のことはたたきません」とはっきり伝えます。気持ちには寄り添いますが、暴力に対しては毅然《きぜん》とした態度で対応しましょう。

たたいた相手が泣いても、笑いながらさらにたたくことがあるのは、感情を適切に表現できないため、笑った表情になっている可能性があります。「びっくりしちゃったね」などと子どもの気持ちを言葉にしていくことで、感情の動きと表情や行動を一致させられるようになっていきます。

また、不適切な養育環境が影響している場合もあります。その場合は保護者も専門的な支援につなげていく必要があります。

注意するのは保育者の役割だと伝える

ルールにこだわるのは、見通しが立たないことへの不安が

大きいからです。「Eくんは、ちゃんと並べてえらいね」などと本人がルールを守っていることをほめたうえで、「並ばない子がいたら、先生が注意するからね」のように、「注意するのは保育者の仕事で、あなたの仕事ではない」ことを伝えます。

「暴力はダメ」は絶対的なルール

たとえどんな理由があっても、「暴力はダメ」というルールを曲げてはいけません。すべての保育者が、一貫した姿勢で対応することが大切です。保育者への暴力も認めてはいけません。「友達をたたいてはいけないけれど、保育者ならよい」などと曖昧にせず、ダメなことはルールとして一貫して伝えます。

暴力以外の手段を伝える

前ページのように気持ちを受けとめ、「暴力はダメ」と伝えたうえで、相手の子の気持ちを解説し、暴力にかわる行動を伝えます。相手の言動を誤解していることがあるので、状況を正しく受けとめられるようにフォローしましょう。

文字の読み書きがまったくできない5歳児への支援

文字の読み書きに興味を持っているのに
まったく覚えられずに感情的になっています。
家庭環境に気になる面も……。

保育者からの相談

1. 相談内容

乳児クラスから入園しているＦくん（５歳・男の子）。午睡の際の寝起きが悪く、５歳児クラスで午睡がなくなってからは、不機嫌になったり、いつの間にか保育室で寝てしまったりする。

文字の読み書きができず、そのことで落ち込んだり、泣いて暴れたりする。友達に対して乱暴な言葉を発することがある。トラブルを起こしたあとで落ち込むこともある。

2. 一番困っていること

就学を見据えたときに、生活リズムが不安定なこと、識字能力がほかの子どもに比べて低いこと。

3. 家族の情報（年齢、職業、簡単な人物像など）

両親（30代前半）とＦくん、兄、妹の５人家族。両親は自営業でともに忙しい。子どもたちをかわいがっているが、かわいがり方には多少差がある。

4. 園での様子

①生活面（食事、着替え、排泄など）

・食事は偏食傾向がある。

・着替え、排泄は、今年度に入ってひと通り自分でこなすことができるようになった。

②健康・運動面（持病の有無、運動発達、手先の動きなど）

・肥満気味だが活発で運動能力も低くない。

・描画はいわゆる頭足人を描く。

・はさみの習得は遅かった。

・細かい作業が得意ではないが、ダイナミックにさまざまなものを作って楽しんでいる。

③言語面（言葉の発達、コミュニケーションなど）

友達を見下すような言い方をすることがあり、押したり蹴ったりすることもあるのでたびたびトラブルになる。家庭で小学生の兄が使う言葉をまねしているのかもしれない。

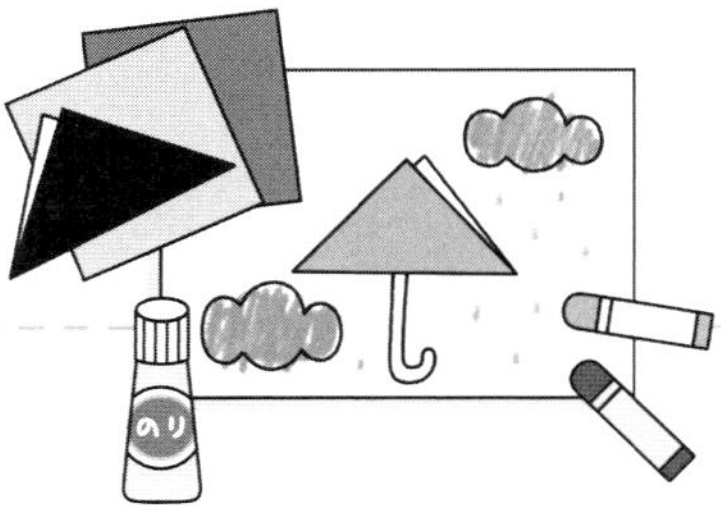

④行動面（注意の持続、多動・衝動性、こだわりなど）
保育者が集団に対して話をする場面が苦手で、集団から離れたり、周囲の他児を押したりする。

⑤社会性（友達・保育者への興味、かかわり方など）
・明るく、イタズラ好き。フレンドリーで笑顔が多く、人懐っこいため大人たちからもかわいがられる。
・発達に偏りがある友達の手伝いを積極的に行う。
・パーソナルエリアの認識が曖昧で、遊びの感覚で人の体をさわることがあるが、性教育を行い、どんな相手に、どこまでならさわってよいのか教えたことで、人の体をしつこくさわることは、最近落ち着いてきた。

⑥感覚面（感覚の過敏さ・鈍感さなど）
長袖を嫌がり冬でも半袖。行事のときの制服を着ることはできる。

⑦困っていることに関する園での具体的なエピソード
・保護者の繁忙期には家に大人が不在の時間が長い。子どもたちだけで夕食を

食べることも少なくない。入浴も子どもだけですませている。体がにおうこともある。

・夜遅くまで起きているため、朝起きられずに保育園に来なかったことや、寝たまま登園したこともある。

・文字について「わからない」と言って読んだり書いたりしようとしない。5歳児になり、自分のものに自分で名前を書くことを少しずつ進めており、みんなにつられて本児も書く意欲を見せたときには、保育者が書いた字をなぞることもある。

・文字の読み書きについて、家庭では問題意識はないようだ。

5．園で行っている支援（うまくいっていること、うまくいっていないこと）

・ルールの説明などを聞いて理解できないため、保育者が絵で説明する支援を取り入れている。

・本児のよい面を意識的に声に出してほめることで、自信がつくように配慮している。

・文字に関して保育者が1対1でかかわっている。しかし今のところ書くことも読むこともできていない。

6．保育者が気づいたこと

周囲のことがよく見えているがゆえに、自分と比べて落ち込む姿もある。

7．相談機関（療育など）を利用しているか

利用していない。保護者が必要を感じていない。

解説

文字を書く意欲はあったけれどうまくできず、今では「わからない」と言ってやりたがらないＦくん。保育者が１対１でかかわっていますが、あまり進歩が見られません。しかしこの時期に重要なのは、「できない」ことが自信のなさにつながらないようにすること。自分と友達を比べないよう、保育者と１対１で取り組むのはよい方法です。

行動はダイナミックだけれど、Ｆくんには友達を気づかうことができるやさしい面があることに保育者は気づき、日ごろから、よい面を言葉にしてほめることを意識しています。「あなたは大事な存在です」というメッセージとなり、自信のなさが目立つＦくんの自尊心を育てることにつながります。また、よい行動を具体的にほめると、その行動が増えて好ましくない行動の予防にもつな

がります。
本人は遊んでいる感覚で、人の体をさわることがありました。今後のトラブル防止のため、「どんな相手に」「どこまでならよい」と教えたことで以前より気をつけるようになりました。本人に悪気はなくても、相手にとっては不快なこともあります。具体的に「しないほうがよいこと」を伝えることで、子ども自身が行動に注意することができます。

♥背景の理解&気持ちの推測

家庭での世話があまり行き届いていない

両親が忙しく子どもだけで過ごす時間が多いため、愛情をかけられていても、こまやかに見てもらい、Ｆくんが「見てもらっている」と感じる経験が不足していると思われます。

自分に自信を持つことができない

衝動性などをコントロールできないことや、文字の読み書きなどうまくできないことが多いため、周囲と自分を比べて自信を失っているようです。

発達の偏りがかかわっている可能性

衝動性の高さ、手先の不器用さ、不注意さなどが見られることから、発達の偏りがある可能性も考えられます（※）。

自分の気持ちを理解することが苦手

自分の感情に寄り添ってもらう機会が少ない場合、まずは「これは『悲しい』『イライラする』『残念』な気持ちなんだ」などと理解する経験を重ねていく必要があります。

かかわり方の提案

保護者に現状を伝え、改善を求める

生活習慣や睡眠リズムの乱れについては、家庭での過ごし方の影響が大きいので、園での様子を保護者にフィードバックします。その際、保護者が「責められている」と感じない伝え方を工夫しましょう。下記の「伝え方の例」も参考にしてください。

読み書きへの抵抗感をなくす

読み書きが苦手な理由として、手先の不器用さや、家庭での学習の機会が少ないこと、発達の偏りがかか

伝え方の例

＜コツ1＞
共感を示す
お忙しくて、たいへんですね。

＜コツ2＞
本人以外の例として伝える
睡眠のリズムが整いにくくて眠そうな子が何人もいるのですが、

＜コツ3＞
本人の様子をフィードバックする
Fくんもリズムが乱れがちかもしれません。

※これらの特性は発達の偏りによって見られることが多いものですが、逆境的な養育環境などの影響で表れることもあります。

わっている可能性が考えられます。知的な遅れはなくても、文字の読み書きが困難なケースもあります。就学前の年齢では診断ができません。発達の偏りがかかわっている場合、「がんばればできる」わけではありません。最優先したいのは、失敗させないこと。文字を書くことではなく、読み書きを嫌いにさせないことを目指します。文字を書くことにこだわらず、本人が達成感を得られる課題を工夫し、取り組む姿勢をほめます。課題の例として、下記のようなものがあります。

感情に寄り添う言葉をかける

感情をコントロールするには、「人に寄り添ってもらって感情を収める」経験が必要。日ごろからFくんの感情

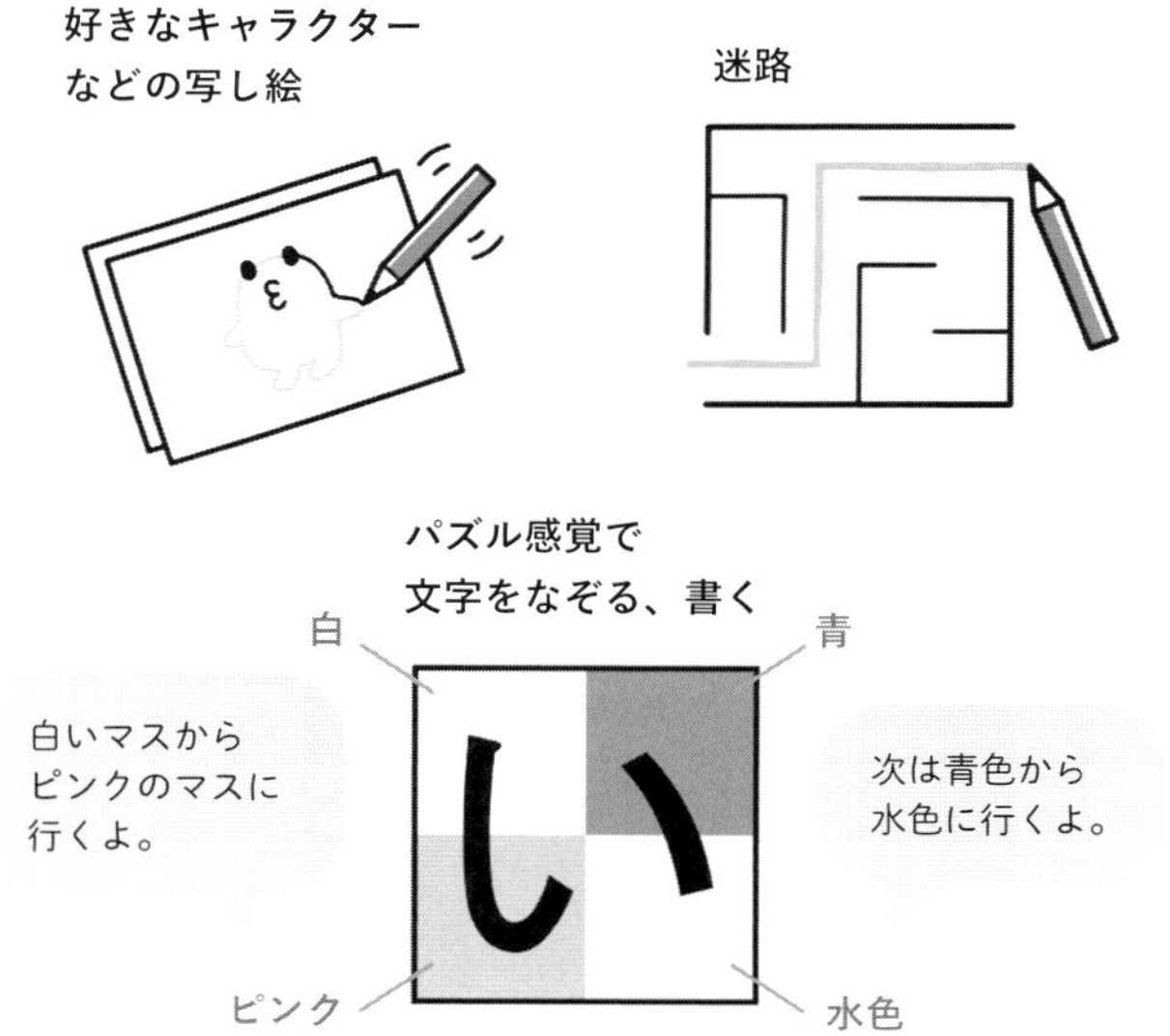

好きなキャラクター
などの写し絵
迷路
パズル感覚で
文字をなぞる、書く
白いマスから
ピンクのマスに

次は青色から
水色に行くよ。

を言葉で表すなどのサポートを心がけます。

具体的にほめる

失敗には過剰に注目せず、Ｆくんができたことを探して具体的にほめます。「みんなができているからできて当たり前」ではありません。「何をほめられたのか」が本人にわかるよう、わかりやすい言葉で伝えます。「静かにすわっていられて、えらいね」「丁寧にできて、すごいね」などです。失敗して感情的になっているときは、落ち着くまで待って気持ちを聞き、感情を言葉にする手助けをしていきます。

おわりに

この本を読んでくださりありがとうございました。生きづらさを抱える子ども、いわゆる「気になる子」を支える先生方や保護者の方に読んでいただき、少しでも「明日からまたがんばってみよう」と思っていただけたらうれしいです。

子どもを支え育むということは容易なことではありません。特に子どもに発達の偏りがあるなどの生きづらさを抱えている場合や、逆境的な養育環境に置かれている場合などは支援することが非常に難しくなります。その両方が重なっている場合もあります。どちらの影響なのか見極めるのも簡単ではありません。実際には分けて考えられるものではないとも思います。子どもに合った支援を考えていく際に、あらゆる視点からその子を理解していくことは非常に重要です。ですが、「これが原因だ」ということで答えが得られるわけではなく、原因探しに一生懸命になっても目の前の親子は救われません。

私は心理の専門家として、そして先生方は保育・教育の専門家として、子どもを見立てる目を養うことは必要ですが、それにとらわれすぎず、目の前の親子にできることをそれぞれの立場でやるしかないと思っています。立場によってでき

る支援もするべき支援も異なりますが、支援者同士が支え補い合いながら親子に向き合うのがベストだと思っています。

また、保護者の方はその子どもの一番の専門家です。最後まで支え、育んでいくのは保護者です。ですので、まずは保護者が安心して子どもを支えられるよう保護者自身を支えていくことが大事だと思っています。お互いがお互いの支えになりながら、子どもを支え育むという難しい課題に取り組んでいき、それによって子どもだけでなく周囲の大人も成長していくのだと思います。私自身、これまで出会ったすべての子どもや保護者、先生方とのかかわりの中でたくさんのことに気づかされ、成長させてもらっています。

最後に、この本の制作にあたり、いつも私の伝えたいことを的確にまとめてくださるライターの野口久美子さん、この本の編集をしてくださった小学館『新幼児と保育』編集部の佐藤暢子さん、イラストを担当してくださっている榎本香子さんに心から感謝いたします。また、いつも職場で支えてくれる愛育クリニックの医師や心理士等のスタッフ、巡回相談でお世話になっている愛育幼稚園の先生方、そして私の家族にも感謝しています。本当にありがとうございます。

２０２４年３月　木原望美

木原望美（きはら・のぞみ）

臨床心理士、公認心理師。PCIT Within Agency Trainer（機関内トレーナー）、CARE™ ファシリテーター、COS-P ファシリテーター。愛育クリニック医療福祉室、愛育産後ケア子育てステーション子どものこころ相談室所属。2003 年 3 月東京女子大学大学院人間科学専攻臨床心理学分野修了、国立精神・神経センター精神保健研究所児童・思春期精神保健部流動研究員、船橋市子ども発達相談センター心理発達相談員などを経て 2015 年 4 月より現職。子どものこころや行動の問題に対する治療、養育者の支援、乳幼児健診、東京都港区の幼稚園への巡回相談支援などを行っている。『新 幼児と保育』で「発達に偏りのある子どもへの支援」好評連載中。

アートディレクション／石倉ヒロユキ
デザイン／上條美来、小池佳代
イラスト／榎本香子
編集／佐藤暢子、阿部忠彦（小学館）
編集協力／野口久美子
校正／松井正宏

本書は『新 幼児と保育』(2021 年 2 ／ 3 月号～ 2024 年冬号に掲載した記事を再構成し、加筆したものです。

新 幼児と保育ＢＯＯＫ

発達に偏りのある子どもへの支援

園での「気になる子」へのかかわり方

2024 年 6 月 3 日　初版第 1 刷発行

著　者　木原望美
発行人　北川吉隆
発行所　株式会社 小学館
　　　　〒101-8001 東京都千代田区一ツ橋 2 - 3 - 1
編　集　03-3230-5686
販　売　03-5281-3555
印刷所　図書印刷株式会社
製本所　株式会社若林製本工場

ISBN978-4-09-840240-3